수잔의
비건 레시피
Vegan recipes

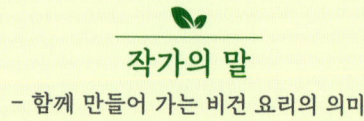

작가의 말
- 함께 만들어 가는 비건 요리의 의미

비건이라는 단어를 처음 들었던 날은 생각나지 않는다. 세상이 어떻게 돌아가는지, 어떤 새로운 일들이 일어나는지 관심은 많았지만 비건이나 채식주의는 너무나 먼 단어였다. 채소는 항상 좋아했다. 채소가 내는 다양한 식감과 색감, 맛과 향을 즐기면서도 채식이라는 단어는 왜 그렇게 무거웠을까?

동물의 권리와 생명 윤리는 고등학교 윤리 시간 막바지에 등장하는 피터 싱어의 사상을 통해 들은 적이 있었다. 그러나 교과서 속 피터 싱어의 사상은 내게 크게 울림을 주지는 못했다. 그리고 몇 년이 흐른 뒤 나는 윤리학과 도덕 심리학을 공부하고 있었다. 내 연구 분야나 관심 분야는 아니었지만 당시 동물권은 조금 더 적극적으로 논의되는 주제가 되어 있었다. 고등학생 때는 울림이 없던, 그냥 외워야만 했던 어떤 유명한 사람의 사상과 문장들이 가진 의미가 처음으로 내 마음에 흘러들어 오기 시작했다.

그래도 비건이나 채식은 여전히 무시무시해 보였다. 고기 요리, 동물 실험으로 만들어진 물건들, 동물의 털과 가죽을 이용한 물건들은 내 삶에도, 내가 속한 사회에도 이미 너무 흔한 요소들이었다. 그것들을 잠깐이라도 제외하는 삶을 사는 건 거의 순교자 같은 용기가 필요한 일이라고 여겼다.

때마침 팬데믹이 전 세계에 퍼졌다. 사람들은 자연과의 공존에 더 관심을 기울였다. 나도 이때 축산업의 문제점에 대해 알게 되었다. 축산업은 땅, 물, 대기 오염의 주요 원인 중 하나다. 또한 수많은 동물들이 우리에 갇혀 지속적인 임신과 출산을 반복해야 하며, 어떤 동물들은 다 크기도 전에 도축된다. 그 안에서 인수공통감염병이 퍼지기도 한다.

공부는 관뒀지만, 또 몇 년이 흐르고 나는 4년 동안 비건으로 살았다. 먹는 것도, 입고 바르는 것도 내가 할 수 있는 선에서는 비건을 택했다. 그러려니 했던 전통적 삶의 방식에 질문을 던졌다. 교과서 속 몇 문장으로 언급되었던, 내게는 의미가 없던 말들이 어느새 커다란 무게를 가지게 되었고, 무시무시해서 무시해 버리기로 했던 비건의 삶을 실천해 본 것이다.

결코 쉽지는 않았지만, 생각보다 어렵지도 않았다. 물론 나에게 비건 생활을 지속해 볼 자원과 시간, 내 선택을 깊이 이해해 주는 지인들이 있었던 덕이다. 비건 생활을 하는 과정에서 채소로 요리하는 재미를 깨닫게 되었다. 맛없는 건 정말 먹기 싫고, 건강하게도 먹고 싶었던 나는 계속 요리를 했다. 맛있는 음식과 건강을 모두 포기하지 않기 위해. 그러다가 결국 요리만 하고 싶다는 나의 욕망을 마주했고, 원래 하던 일을 관뒀다. 요리를 업으로 삼기로 작정했다.

아이러니하게도, 비건 생활을 하면서 시작하게 된 요리 때문에 비건 생활을 지속하는 게 어려워졌다. 레스토랑에서는 비건이 아닌 음식도 요리해야 했고, 다양한 재료를 맛보고 이해해야 했기 때문이다. 비건 생활을 통해 깨달았던 모든 것들을 현실을 위해 타협하는 게 아닌가 하는 생각이 들 땐 마음이 따끔거린다. 하지만 작은 한 끼의 실천도, 꾸준히 연구해 세상에 내놓는 채식 레시피도 의미가 있다고 믿는다.

도덕이나 윤리, 성찰적 자세 등도 중요하지만 무엇보다 채소 요리도 맛있다. 그리고 재밌다. 채소 요리를 하면서 그 어느 때보다 창의적인 삶을 살고 있다고 느낀다. 요리에 고기나 유제품을 넣지 않고 채소만을 이용해 수준 있는 맛을 내려면 머리를 많이 써야 한다. 재료의 배합을 철저하게 계산하면서도 채소로만 낼 수 있는 다양한 맛을 상상하며 연습해야 하기 때문이다.

현대 사회, 특히 한국에서 살아가는 건 때때로 정말 피곤하다. 평균 생활 수준이 높아져 생존 자체의 문제를 걱정할 일은 줄었지만, 바쁘게 움직이고 자신을 끊임없이 채찍질해서 좋다고 여겨지는 특정한 목표를 향해 달려가야 한다. 어쩌다 시간이 남으면 스마트 기기를 바라보며 쉬운 도파민을 만끽하고, 밖에 나가 운동을 하더라도 결과를 보여주어야 하는 시대. 이런 시대와 삶의 방식을 무조건 힐

난하고 싶진 않다. 피곤하니까 쉬운 분출구를 찾게 될 뿐이다. 그러나 이런 시대 속에서 어느 정도 나를 지키는 방법을 알아야 한다. 그러려면 온전히 나만의 시간을 가질 필요가 있는데, 채소 요리를 고민하는 것이 도움이 될 수도 있다. 시간을 내어 채소를 가만히 들여다보고 채소를 활용해 요리하다 보면 우리의 일상에 오래전부터 자리 잡아온 음식들을 재발견할 수 있고, 일상에 재밌는 작은 도전이 생길 수도 있다.

집에서 나를 위해 하는 요리는 온전한 나의 시간을 보내는 일이기도 하지만 많은 사람과 존재에 빚질 수밖에 없는 행위이기도 하다. 어렸을 때부터 채소를 좋아할 수 있게 맛있는 채소 요리를 만들어 준 나의 가족들, 특히 엄마와 두 할머니에게 빚을 지고 있고, 좋은 재료를 사고 또 직접 길러 나눠주는 아빠에게, 누나의 기묘한 선택을 단 한 번도 비웃지 않고 진지하게 여겨 준 동생과 그의 와이프에게, 나의 채소 요리를 기꺼이 먹어 주고 피드백을 아끼지 않았던 친구들과 처음으로 진지하게 요리를 시작할 수 있게 팝업이란 길을 열어준 친구들에게, 요리를 업으로 삼은 뒤 처음 만난 선배 요리사들에게, 어쩌면 평생 몰랐을지도 모를 요리들을 내게 소개해 주고 모든 작업과 팝업 준비 과정에서 나를 도와준 주변의 모든 사람들에게, 다양한 작물을 잘 길러 세상에 내놓는 모든 농부님들에게, 빚을 졌다. 다행히 누구도 갚으라고 재촉하지는 않을 빚이지만, 계속 의미 있는 좋은 요리를 하는 게 그 빚을 갚을 하나의 방법이라고 믿는다.

비건 요리를 위해 알아두면 좋은 팁

• 이 책의 레시피는 기본적으로 넉넉한 1인분에서 2인분 사이의 분량을 기준으로 한다. 2인분 이상의 분량이 나오는 레시피의 경우에는 재료 옆에 분량을 표기했다.

⬥ 제철 재료 사용하기

제철 재료를 쓰면 요리의 질을 높이기가 훨씬 쉬워진다. 일단 재료가 신선하기 때문이다. 또 채소나 과일의 맛도 제철에 가장 좋다. 책에서도 제철에 해 먹을 수 있는 몇 가지 요리를 소개한다.

⬥ 일주일치 식단 짜기

삼시 세끼를 집에서 먹거나 다인 가구라면 채소의 분량을 매번 따지지 않고 사기가 비교적 편할 것이다. 하지만 그렇지 않다면 채소를 살 때 남아서 버리게 될까 봐 망설여질 수 있다. 1인 가구로 하루에 두 끼 정도 먹는 나에게도 그 부분이 항상 어려웠다. 집에서 주로 밥을 해 먹어도 처음에는 채소가 항상 남았다. 특히 상대적으로 빨리 시드는 허브류나 잎채소를 살 때는 고민이 많았다.

그래서 일주일치 식단을 계획하기 시작했다. 갑자기 예상치 못한 약속이 생기면 어쩔 수 없지만, 재료가 상하기 전에 소진하는 데 분명 도움이 된다. 내가 무얼 먹는지 확인하고 식비에 얼마를 소비할지도 계획할 수 있다. 점심을 사 먹을 수밖에 없다면 아침과 저녁만 계획해도 낭비를 막는 데 도움이 된다.

⬥ 채수와 소프리토 활용하기

채수를 내는 재료로는 양파, 마늘, 대파, 당근, 말린 버섯, 다시마가 좋다. 국물을 간단히 끓일 때는 쌀뜨물이나 말린 버섯을 담근 물, 혹은 말린 다시마를 담근 물만 써도 맹물보다 맛이 좋다.

또는 이탈리아어로 '소프리토'라고 불리는 베이스를 사용해도 좋다. 소프리토는 다진 당근, 양파, 셀러리를 올리브유에 볶은 것으로, 요리에 사용하면 채수 같은 감칠맛을 낼 수 있다.

채소와 허브의 보관법

잎채소나 허브는 키친타월로 감싼 뒤 용기에 넣어 냉장 보관하면 좋다. 용기에 이름표까지 붙여 두면 재료를 사용할 때도 더 편하다. 숨이 좀 죽었을 땐 찬물에 잠시 담가 두면 다시 살아나기도 한다. 대부분의 뿌리채소는 신문지나 키친타월로 감싼 뒤 햇빛이 없고 서늘한 곳에 두는 게 좋다.

- **방울토마토**: 씻은 뒤 꼭지를 떼어 내고 냉장 보관한다.
- **무, 배추**: 키친타월로 감싼 뒤 신문지 등으로 돌돌 말아서 냉장 보관한다. 비교적 온도가 높고 습도 유지가 잘 되는 냉장고 채소칸에 보관하면 좋다.
- **대파, 고추**: 씻어서 물기를 제거한 뒤 원하는 크기로 잘라서 냉동 보관하면 오래 쓸 수 있다.
- **양배추, 양상추**: 자르지 않고 비닐 랩 등으로 꽉 감싸서 냉장 보관한다. 잘라 두면 금방 상하므로 잘 계획해서 소비한다.
- **콩나물**: 흐르는 물에 씻은 뒤 밀폐 용기에 넣고 콩나물이 잠길 정도로 물을 채워 냉장 보관하면 오래 쓸 수 있다.
- **단호박**: 요리하기 전에는 서늘하고 건조한 곳에 보관한다. 요리하고 남은 단호박은 잘라서 씨를 파내고 꼭지를 떼어 낸 뒤 밀폐 용기나 비닐봉지 안에 넣고 보관한다. 또는 쪄서 냉동 보관하면 식감을 유지할 수 있다.
- **바질**: 씻어서 물기를 제거한 뒤 냉동 보관하면 오래 쓸 수 있다. 단, 냉장 보관하는 것보다 향이 조금 떨어질 수 있다.
- **딜**: 딜은 물을 금방 흡수하므로 흐르는 물에 재빨리 씻은 뒤, 살짝 젖은 키친타월로 감싸서 용기에 넣어 냉장 보관한다.
- **파슬리**: 이파리 위주로 사용한 경우, 줄기는 버리지 말고 모아 두었다가 채수를 낼 때 넣으면 좋다.

🌢 자주 사용하는 양념과 향신료

- **소금**: 소금의 종류는 생각보다 다양하지만 모든 종류를 사 둘 필요는 없다. 굵은소금, 가는소금, 블랙 솔트 정도만 마련해 두어도 맛을 내기가 편하다. 블랙 솔트는 유황 성분이 들어 있어 달걀 향이 난다. 책의 레시피는 주로 가는소금을 사용했다.
- **후추**: 백후추 가루, 갈아서 쓰는 통 흑후추, 흑후추 가루 이 세 가지를 두루 쓴다. 흑후추는 맛이 강한 편이고, 백후추는 맛이 좀 더 부드럽다. 은은하게 후추의 향을 더하고 싶을 때는 백후추를 쓰면 좋다. 책의 레시피는 주로 흑후추를 사용했다.
- **설탕**: 단맛을 내는 설탕은 흑설탕이나 황설탕, 마스코바도를 주로 쓴다. 백설탕은 베이킹을 하거나 잼을 만들 때 쓰는 편이다. 건강과 환경적 영향을 고려하면 비정제당인 마스코바도가 가장 좋은 선택일 것이다. 책의 레시피는 주로 황설탕을 사용했다.
- **간장**: 진간장, 국간장, 양조간장이 모두 있으면 좋지만 개인적인 필요와 사용 빈도에 따라 사 두어도 된다. 진간장은 열을 가해도 맛이 변하지 않아 두루두루 쓸 수 있다. 국간장은 염분이 높고 한식에 사용하기 좋다. 양조간장은 특유의 은은한 단맛과 진한 색이 특징이지만 열을 가하면 맛이 조금 떨어지므로 드레싱이나 무침 요리에 제일 잘 어울린다. 책의 레시피는 주로 진간장을 사용했다.
- **식초**: 식초는 발사믹 비네거, 화이트 와인 비네거를 주로 쓴다. 발사믹 비네거는 포도즙을 발효해 만들어 맛이 진하고 달콤한 편이고, 화이트 와인 비네거는 맛이 산뜻한 편이다. 양식에는 좀 더 가벼운 느낌의 식초인 쉐리 비네거를 쓰는 경우도 있다. 한식에는 현미 식초나 사과 식초를 쓰기도 한다. 중식이나 아시아 스타일의 요리에는 흑초를 사용할 수도 있다. 흑초는 일반 식초보다 산미는 조금 약한 편이지만 구수하고 부드럽다.
- **식용유**: 식용유는 포도씨유와 올리브유를 주로 쓴다. 드레싱이나 소스를 만들 때는 올리브유를 더 많이 활용한다.
- **허브**: 말린 월계수 잎, 건 오레가노, 건 파슬리, 건 로즈마리 등은 음식의 풍미를 쉽게 더해줄 수 있어 구비해 두면 유용하다. 바질이나 딜, 고수는 신선한 것을 필요할 때마다 사서 쓰면 좋다.

- **기타 향신료:** 향신료는 큐민, 스모크드 파프리카 파우더, 계피 가루, 강황 가루나 커리 파우더, 가람 마살라 정도를 항상 구비해 둔다. 큐민은 약간 쌉쌀하고 아릿한 맛이 나며 식재료의 잡내를 잡을 때 좋다. 스모크드 파프리카 파우더는 훈제 향과 단맛이 나며 요리에 훈연 향을 더하고 싶을 때 쓴다. 계피 가루는 톡 쏘는 매운맛과 단맛이 난다. 강황 가루, 커리 파우더, 가람 마살라는 커리나 인도 요리에 자주 쓴다. 강황 가루는 커리의 주재료이지만 커리와는 다른 독특한 쓴맛과 매운맛이 난다. 커리 파우더는 강황 가루와 고수, 큐민 등이 들어간 향신료 믹스다. 가람 마살라는 계피, 카다멈, 육두구, 고수 씨앗 등이 들어간 인도의 향신료 믹스다.

목 차

작가의 말　　　　　　　　　　　　　　　　　　　　　　　　2

비건 요리를 위해 알아두면 좋은 팁　　　　　　　　　　　　6

PART 1.
추억과 시간이 녹아든 한식 레시피

시금치 된장국	16
들기름 된장 김치찜	20
들깨 표고 미역국	24
버섯강정	28
무 버섯 조림	32
된장찌개	36
두부조림	42
들기름 들깨 국수	46
유부 꽈리고추 볶음	50
봄동 겉절이	54

PART 2.
다채로운 세계 요리 레시피

보르시 – 슬라브 지역	60
비웃 슬라이 – 남아프리카공화국	64
가스파초 – 스페인	68
마살라 커리 – 인도	72
마파두부 – 중국	78
카포나타 – 이탈리아	84
채소 우동 – 일본	90

PART 3.
**계절과 상상력을 더한
계절 요리 레시피**

두릅 된장 파스타 – 봄	96
부추 버섯 세비체 – 봄	100
토마토 푸주 볶음 – 여름	104
토마토 고추장 리소토 – 여름	108
토마토 된장 콩 수프 – 여름	114
토마토 메밀국수 – 여름	118
피넛버터 소바 – 여름	122
마카로니 탄탄멘 – 가을	126
무 구이 – 가을, 겨울	130
냉이 간장 파스타 – 겨울, 봄	134
봄동 들깨 파스타 – 겨울, 봄	140

PART 4.
어디에나 어울리는 샐러드와 사이드 디쉬 레시피

시금치 쪽파 구이	146
느타리 발사믹 조림	152
두부 버섯 크럼블	156
사과 무 생채	160
파이황과	164
퀴노아 콩 샐러드	168
해초 낫또 샐러드	172
자몽 잣 샐러드	176
방울토마토 오이 들깨 샐러드	180
망고 병아리콩 샐러드	184
샐러드 밥	188

PART 5.
다양한 소스와 드레싱 레시피

망고 살구 처트니	194
토마토 쌈장	198
토마토 부추 간장	202
차지키	206
후무스	210
와사비 표고장	214
완두 퓌레	218
단호박 커리 퓌레	222
시금치 캐슈넛 퓌레	226
그레몰라타	230
파인애플 살사	234

PART1

추억과 시간이 녹아든
한식 레시피

시금치 된장국

들어가는 재료도 적고 고기가 없어도 항상 좋아했던 국이 있다. 봄에 난 시금치로 엄마가 끓여주던 시금치 된장국. 어렸을 때도 좋아했지만 지금 먹어도 맛있다. 처음으로 부모님 집에서 독립해 살았던 런던 생활 시절에도 한국의 맛이 그리울 때마다 자주 해 먹었다.

엄마의 시금치 된장국은 설탕을 안 넣어도 달달했다. 가공된 조미료를 넣지 않아도 감칠맛이 끝내줘서 오로지 국을 더 먹기 위해 밥을 더 가져오곤 했다. 시금치는 입에서 살살 녹았고, 조금 특이하게 맛이 칼칼했다.

엄마에게 비결을 물으니 쌀뜨물과 된장 반, 고추장 반이라고 알려줬다. 된장으로만 끓여도 맛있겠지만, 고추장을 넣으니 칼칼한 맛까지 더해진 것이다. 쌀뜨물에 들어 있는 전분도 걸쭉하고 진한 국물 맛을 내는 데 제 역할을 했다.

일반 시금치로 끓여도 맛은 좋지만, 섬초가 제철인 겨울과 봄에는 섬초를 쓰면 섬초 특유의 단맛을 더욱 만끽할 수 있다.

레시피

재료
시금치 50g, 대파 15g, 청양고추 1개, 버섯 1-2개, 양파 30g, 마늘 1알, 된장 1큰술, 고추장 1큰술
다시마 물 마른 다시마 1조각, 쌀뜨물 400ml

💧 쌀뜨물은 쌀을 처음 두 번 씻은 물은 버리고, 세 번째에 살살 씻은 물을 모아 준비한다.

요리하기
1. 마른 다시마와 쌀뜨물을 냄비에 넣고 불려 다시마 물을 준비한다.
2. 다시마를 불리는 동안 채소를 준비한다. 시금치는 뿌리를 제거하지 말고 적당히 다듬는다. 대파는 송송 썰고, 일부는 잘게 다진다. 청양고추는 송송 썰고, 버섯은 길게 자르고, 양파는 채 썰고, 마늘은 다진다.
3. 1의 다시마 물에 된장, 고추장, 송송 썬 대파, 다진 대파, 채 썬 양파, 다진 마늘을 먼저 넣고 팔팔 끓인다.

💧 이때 다시마는 원하면 건져 내도 되고, 잘라서 건더기로 써도 맛있다.

4. 국물이 팔팔 끓어오르면 송송 썬 청양고추, 자른 버섯, 다듬은 시금치를 넣고 불을 조금 줄여 계속 끓인다.
5. 시금치가 부드럽게 익을 때까지 끓여 완성한다.

들기름 된장 김치찜

이십대 초반이라는 나이의 나를 지금 돌이켜보면 법적으로는 어른이었지만 대체 뭘 알았을까 싶다. 에너지는 많았다. 끊임없이 읽고 쓰고, 나가고 돌아다녔다. 지금은 누가 그렇게 하라고 빌어도, 내가 반대로 그에게 빌고 싶다. 조금 더 누워 있게 해달라고, 제발 나에게 뭘 더 시키지 말아달라고 말이다. 그때의 나에 비하면 지금의 나는 에너지를 소비하는 것보단 비축하는 데 더 신경을 쓴다.

그래서 그때 잠시 살았던 런던이 꿈을 꿀 정도로 그리웠다. 그땐 에너지는 많았지만 돈은 정말 없었고, 어쩌다 돈이 있어도 어떻게 써야 할지를 몰랐다. 그때보다 돈도 좀 더 벌고 몇 년을 더 살아본 2019년의 나는, 그곳에 다시 가게 된다면 아주 잘 놀 수 있을 것 같았다. 더 잘 먹고, 전시와 공연도 더 많이 보고, 전 세계에서 온 다양한 사람들도 더 많이 만날 수 있을 것 같았다. 일을 시작한 후로 반 년 동안 조금 모인 돈을 털어 비행기 티켓을 사고 숙소를 예약했다. 2주간 머물 숙소를 예약하면서 그곳의 만만찮은 물가를 다시금 체감했지만, 지난 시절에 충분히 누리지 못했다는 아쉬움과 후회가 결국 나를 런던으로 보냈다.

런던에서 지내는 친구들도 만났지만, 여행 내내 다소 긴장한 상태로 보냈다. 하루하루를 알차게 보내야 한다는 부담도 있었다. 예전에 살았던 동네 외에 살아보고 싶었던 여러 곳에서 지내본다는 욕심 때문에 숙소를 자꾸 옮긴 것도 피로에 큰 몫을 더했다. 한국에서는 자정이 되어도 잠이 잘 안 왔지만 런던에서는 11시쯤부터 몸이 피곤해서 잠이 왔다.

결론적으로, 다시 찾은 런던에서도 후회는 계속 남았다. 2주는 그리 길지 않은 시간이기도 했고, 나는 후회할 거리를 결국엔 찾아내는 인간이기도 했으며, 김치나 고추장, 라면이 그립기도 했기 때문이다. 한식이 세계 최고의 음식이라고 생각하는 것은 아니다. 그냥 한 번이라도 내게 익숙한 음식, 편안한 음식이 필요했던 것 같다.

이래저래 여행을 마치고 돌아오는 한국행 비행기에서 나는 라면과 김치가 너무 그리웠다. 서울에 도착하면 아홉 시쯤일 터였고 친한 친구가 연남동에서 살고 있다는 게 생각났다. 그때 내가 살던 집은 서울 동쪽 끝이었고, 그 긴 귀갓길을 참을 수 없을 정도로 김치와 라면이 먹고 싶었다. 친구는 흔쾌히 내게 집 현관문을 열어주었고 컵라면에 뜨거운 물을 부은 뒤 친구 어머니가 주신 김치도 덜어주었다. 비행기에서 잠을 오래 잔 것도 아닌데 노곤함이 풀리는 것 같았다. 익숙해서 별것 아닌 듯해도, 익숙한 음식에는 그런 힘과 위안이 있는 게 분명했다.

요즘에는 김치를 매일같이 먹지 않는다. 한 달을 넘게 먹지 않은 적도 있다. 그래도 가끔 생각이 날 때마다 먹으면 작게나마 행복해진다. 김치가 푹 익으면 찌개를 끓이거나 들기름을 더해 찜을 만든다. 감칠맛과 간을 살리기 위해 된장도 살짝 넣으면 더 좋다. 김과 밥을 꺼내 푹 끓인 김치찜과 함께 먹으면, 누리지 못하고 지나친 다른 곳에서의 삶을 향한 아쉬움도, 언젠가 이 나라가 아닌 다른 곳에서 오랫동안 살아보고 싶다는 욕심도 잦아들고 마음이 잠잠하고 편안해진다.

젓갈이나 액젓 없이 담근 비건 김치는 시원한 맛이 강하고 비릿한 끝맛이 없다. 젓갈이나 액젓 대신 매실액 같은 과일즙을 넣으면 발효가 충분히 잘 되고 자연스럽게 단맛도 산다. 내가 발견한 사실은 아니다. 엄마가 터득한 레시피다. 이렇게 담근 김치로 찜을 만들면 칼칼하고 시원한 맛이 좋다.

레시피

재료

비건 김치 1/3포기, 쪽파 1줄기

채수 마른 다시마 1조각, 대파 1/3줄기, 마늘 3알, 물 600ml

양념장 된장 1.5작은술, 매실액 1작은술, 들기름 1.5큰술, 설탕 1작은술

요리하기

1. 비건 김치에 양념장 재료를 모두 넣고 섞어서 약 15-20분 정도 재워 둔다. 쪽파는 잘게 다진다.
2. 김치를 재우는 동안 채수 재료를 냄비에 모두 넣고 중불에 끓인다. 보글보글 끓으면 불을 살짝 줄인다.
3. 채수에서 다시마만 건져 낸 뒤 재워 둔 김치를 넣고 끓인다. 처음에는 뚜껑을 덮고 중강불에 끓이다가 국물이 팔팔 끓어오르면 중약불로 줄인다.
4. 중간중간 뚜껑을 열고 확인하면서 국물이 약간만 남을 때까지 계속 졸인다. 필요하면 분량 외의 소금이나 설탕을 조금 추가해 간을 맞춘다.
5. 다진 쪽파를 올려 완성한다.

들깨 표고 미역국

어느 추운 겨울날, 친구들이 우리 집에 와서 같이 위스키와 보드카를 잔뜩 마셨다. 집에 가기엔 다들 아쉬웠는지 새벽까지 놀다가 결국 모두 자리를 펴고 잠을 자기로 작정했다. 다음 날 아침, 친구들은 잠에서 깨어나자마자 해장을 하고 싶어 했다. 친한 친구들이었지만 손님은 손님이었고, 손님을 후하게 대접하는 것에는 기쁨이 있다. 나도 술이 덜 깨 울리는 머리를 한 손으로 부여잡아야 했지만, 손님들이 쓰린 속을 안고 집을 나서게 하고 싶진 않았다. 여전히 머리를 한 손으로 붙든 채 식료품이 든 찬장에서 말린 미역을 꺼냈다. 미역을 불리는 동안 표고버섯도 꺼내서 준비했다.

사람들에게 요리를 해주면서 이 요물 같은 표고버섯을 싫어하는 이들도 꽤 있다는 걸 알게 되었다. 이해가 안 되는 건 아니다. 표고버섯에서는 분명 나무와 흙 냄새가 난다. 버섯의 식감을 꺼려하는 사람들도 있다. 하지만 한식 요리에서 표고버섯이 없는 걸 상상하긴 어렵다. 표고버섯에는 특유의 감칠맛을 내는 성분이 있다고 한다. 천연 조미료인 셈이다. 그래서 고기나 해산물 없이도 조금 무거운 감칠맛을 내려면 표고버섯이 있으면 좋다.

불린 미역에 들기름과 다진 마늘을 넣고 볶으니 들기름의 고소한 향과 미역 특유의 바다 냄새, 그리고 같이 볶아진 마늘 냄새가 조화롭게 섞였다. 친구들이 부엌에 괜히 들락날락하며 냄새를 맡고 갔다. 거기에다가 국간장과 소금으로 간을 했다. 들기름과 미역과 마늘의 조화, 표고버섯의 감칠맛과 식감으로도 충분하지만 들깨가 없으면 서운한 맛이 난다. 해장국에는 역시 들깨가 올라가는 게 좋다. 향도 좋아지고, 국물이 적당히 걸죽해지면서 고소함도 더해진다. 덜 깬 술이, 들깨를 만나 완전히 깨는 순간이 좋다. 들깨가 더해진 뜨거운 국물을 한 술 떠 입안에 가져오면 해장이 완성되는 기분이 든다.

친구들을 자리에 앉히고 미역국과 흰쌀밥을 한 그릇씩 퍼서 내어줬다. 친구들이 국물을 들이켜며

내는 소리만 들어도 만족스러웠다. 여전히 머리는 좀 아팠지만, 국밥집에 보내지 않고 직접 국을 끓여준 보람이 있었다.

　이 미역국의 좋은 점은 고기나 해산물이 필요 없다는 것이기도 하지만 기름지거나 자극적이지 않아서 술로 상한 속을 달래주기에 딱이라는 것이다. 고기가 들어간 기름진 해장국을 먹으면, 그 순간에는 속이 풀리는 것 같지만 조금만 시간이 지나면 배가 아프고 무거워지곤 했다. 지난밤 마신 술, 먹은 안주에 기름진 해장국까지 더해져 몸무게가 하룻밤 사이에 2kg은 불어난 느낌이었다. 그리곤 후회가 밀려오고, 매끄럽지 않은 간밤의 기억들이 조각조각 펼쳐졌다. 그런데 이 들깨 표고 미역국으로 해장하면 후회도 죄책감도 반으로 줄어든다. 적어도 다음 날 아침 몸이 무겁진 않으니까.

레시피

재료

마른 미역 10g, 표고버섯 3개, 다진 마늘 1큰술, 들기름 1큰술, 국간장 1.5큰술, 들깻가루(탈피) 3작은술, 소금 1꼬집, 물 400ml

요리하기

1. 마른 미역을 분량 외의 물에 넣고 약 10-20분 정도 충분히 불린 다음 흐르는 물에 씻고 체에 밭쳐 물기를 뺀다.
2. 냄비를 가열한 뒤 물기를 뺀 미역, 들기름, 다진 마늘, 국간장을 넣고 중약불에 볶는다. 모든 재료의 향이 충분히 올라올 때까지 5분 이상 볶는다.
3. 표고버섯을 한입 크기로 잘라 넣고 볶는다.
4. 표고버섯이 익으면 물을 넣고 팔팔 끓인다.
5. 국물이 팔팔 끓어오르면 들깻가루와 소금을 넣고 10분 이상 끓인다.
6. 필요하면 분량 외의 소금을 추가해 간을 맞추고 조금 더 끓여 완성한다.

버섯강정

첫 주방에 들어온 뒤, 많은 레스토랑에서 스태프들이 직접 스태프 밀(직원 식사)을 해 먹는다는 사실을 알게 되었다. 주방 스태프들은 하루 종일 요리를 하고 냄새를 맡고 대접하며 그 모습을 완성하지만, 많은 시간 동안 굶주린 채로 일을 한다. 그 때문인지 스태프 밀을 고민하며 다른 스태프들의 의견을 물어보는 발주 시간은 약간의 설렘을 가져다 주었다.

특히 헤드 셰프님은 하루를 마감하며 재료 발주를 체크할 때 스태프 밀 때문에 고민이 많았다. 그럼에도 일이 바쁘고 하루가 고된 날이면 헤드 셰프님이 미처 스태프 밀 재료 발주를 챙기지 못하기도 했다. 할 일도 많고 책임이 커도 늘 스태프 밀을 고민하고 브레이크 타임이 되기 무섭게 완성해 주던 셰프님이 스태프 밀을 못 챙기는 날엔 아쉬움보단 걱정이 커졌다.

그래서 그날은 나도 스태프 밀에 손을 보태기로 했다. 요리 정규 교육도 받지 않고 서른이 넘어 주방에 들어온 주방 막내였지만, 고생하는 헤드 셰프님과 어느새 가족 같아진 주방 식구들을 위해 뭔가를 해보고 싶었다.

다행히 레스토랑 메뉴 중 파스타에 들어가는 표고버섯이 좀 남아있었고, 스태프 밀 재료 중 전분 가루가 눈에 보였다. 고추장, 간장, 고춧가루, 식용유와 올리고당도 있었다. 집이었다면 머리를 더 굴려서 다른 재료들을 더했겠지만, 있는 것으로 최선의 맛을 내고 싶었다. 양념을 먼저 만들고, 표고버섯을 식감이 살도록 두툼하게 자른 뒤 전분 가루를 충분히 묻혔다. 스토브에 불을 켜고 웍을 달군 뒤 식용유를 충분히 부었다. 전분을 묻힌 표고버섯을 넣고 익히다가 전분이 묻은 겉부분이 익기 시작할 때 양념을 넣었다. 웍질을 많이 해보진 않았지만 옆에서 봐온 대로 따라 하며 손을 놀렸다. 재료를 탐색하고, 양념을 하고 완성하기까지 15분이 채 걸리지 않았다. 그렇게 만들어진 버섯강정은 인기가 좋았고, 같이 만든 땅콩버터 국수와도 잘 어울렸다.

주방의 생태가 아직도 어려운 막내였지만, 그날의 저녁 서비스를 할 땐 조금 자신감이 들었다. 머리를 빠르게 써서 메뉴를 생각해 내고 맛을 상상하며 누군가를 위해 요리를 완성하는 기쁨을 고단한 주방 일에 잠시 잊고 있었다.

이 레시피는 웍을 이용하지 않는 일반 주방에서도 가능하고, 준비하는 시간도 요리하는 시간도 짧지만 결과가 주는 기쁨은 음식을 먹고 소화가 될 때까지 길게 유지된다.

레시피

재료
표고버섯(원하는 버섯으로 대체 가능) 5개, 전분 가루 1.5큰술, 식용유 적당량, 견과류 적당량(옵션), 송송 썬 청양고추 적당량(옵션), 통깨 조금(옵션)

양념장 고추장 1큰술, 간장 0.5큰술, 올리고당 1.5큰술, 케첩 2큰술, 다진 마늘 1작은술, 고춧가루 1큰술, 설탕 0.5큰술

요리하기
1. 표고버섯은 먼지를 털고 꼭지를 가위로 제거한다.
- 다른 버섯을 쓰는 경우에도 꼭지 부분을 제거한 뒤 먼지나 이물질만 털어내면 된다. 버섯은 수분을 금방 흡수하므로 굳이 물로 세척할 필요는 없다.
2. 그릇에 전분 가루를 넣고 표고버섯을 원하는 크기로 큼직하게 잘라 넣은 뒤 잘 섞는다.
3. 팬을 가열한 뒤 식용유를 넉넉히 두른다. 기름이 살짝 끓기 시작하면 전분 가루를 묻힌 표고버섯을 넣고 잘 섞어가며 강한 불에 튀기듯이 고르게 익힌다. 버섯이 익는 속도를 보면서 타지 않도록 불을 조절하며 익힌다. 필요하면 식용유를 더 추가한다.
4. 양념장 재료를 모두 그릇에 넣고 섞은 다음, 버섯이 어느 정도 익으면 양념장을 넣고 재빨리 섞으며 조금 더 익힌다.
5. 불을 끄고 한 번 더 섞은 다음 견과류, 송송 썬 청양고추, 통깨를 추가해 완성한다.

무 버섯 조림

 엄마는 가끔 매운 오징어볶음을 만들었다. 밖에서 사 먹는 것처럼 자극적이진 않았지만 할머니가 직접 말려 만든 매운 고춧가루, 집 고추장, 잘 어울릴 만한 채소를 아낌없이 넣어 그런지 자꾸자꾸 당기는 맛이었다. 특히 양념을 밥 위에 자작하게 부어 조금씩 비벼 먹었던 기억이 아직도 생생하다. 입안이 얼얼해지는 매운맛과 묵직하고 고소한 탄수화물의 조화에는 입맛을 다시게 하는 뭔가가 있다.
 매운 볶음 요리의 맛은 어린 시절에는 엄마의 요리로 익숙해졌지만, 어른이 된 뒤엔 친구들과 바깥에서 안주로 먹는 맛이 더 친밀해졌다. 그러나 코로나가 터지고 인원 제한과 시간 제한이 생기면서 그것도 어렵게 되었다. 가끔 생각나는 매운 요리를 늘 먹던 대로, 누군가와 함께 나눌 수 없었다. 어떤 요리는 혼자 하는 경험이 아니라 함께 나눈 경험으로 남고, 그래서 더 맛있게 기억되기도 한다. 코로나를 기점으로 요리든 뭐든 '함께'라는 상태가 항상 쉽게 얻을 수 있는 게 아니라는 사실을 깨달았다.
 그러던 어느 날, 아빠가 직접 키운 가을 무 반 개를 받았다. 받은 무를 집으로 가져와 한숨을 쉬었다. 단단하고 빛깔이 좋은 무라서 받아오기는 했는데, 채수 낼 때 쓰고, 생채를 만들고, 동치미까지 만든다고 해도 혼자서 어떻게 다 먹을까 싶었다. 무를 가지고 열심히 이것저것 만들었다. 그래도 무는 남았다. 남은 몇 조각의 무를 버섯과 함께 맵게 조리기로 했다. 자주 먹던 볶음 요리는 아니지만 머릿속에서 맛을 상상할 수 있었다.
 비록 나만을 위한 요리였지만, '함께'의 기억을 곱씹었다. 쓸쓸하지 않았다면 거짓말이지만 왁자지껄하게 함께였다면 돌아보지 못했을 맛과 감정과 기억도 떠올랐다. 혼자 밥을 먹을 때는 종종 영화나 드라마를 보곤 했는데 그날은 그냥 식탁에 앉아 천천히 음식을 삼키며 생각하고 또 생각했다. 무는 부드럽고 달았고, 조리며 나온 국물은 무척 개운했다. 함께 먹는 매운 요리가 여전히 더 맛있지만, 혼자일 때 할 수 있는 것들을 생각하면서 남은 국물에 소면을 비볐다.

레시피

재료
무 2-3조각(두께 약 1.5cm), 새송이 버섯 1개, 양파 1/4개, 대파 1/2줄기, 양배추 1줌, 식용유 조금, 물 200ml, 홍고추 조금(옵션), 소면(옵션)

양념장 고추장 1큰술, 간장 3큰술, 참기름 1큰술, 물엿 또는 올리고당 1큰술, 매실액 0.5큰술, 다진 마늘 2작은술, 고춧가루 3큰술, 생강가루 0.5작은술, 설탕 0.5큰술

요리하기
1. 그릇에 양념장 재료를 모두 넣고 잘 섞은 다음, 냉장고에서 약 30분 정도 숙성시킨다.
   🔥 양념장은 전날 밤에 미리 만들어 숙성시켜 두어도 좋다.
2. 양념장을 숙성시키는 동안 나머지 재료를 준비한다. 무는 1.5cm 두께로 큼직하게 자르고, 새송이 버섯은 반으로 가른 뒤 양념이 잘 배도록 칼집을 낸다. 양파는 채 썰고, 대파와 홍고추는 송송 썰고, 양배추는 먹기 좋은 크기로 자른다.
3. 팬을 가열한 뒤 식용유를 두르고 송송 썬 대파를 넣는다. 중약불에 볶아 파기름을 낸다.
4. 파의 향이 올라오면 채 썬 양파를 먼저 깐다.
   🔥 양파를 먼저 깔면 다른 재료가 타는 것을 막아 준다.
5. 양파 위에 칼집을 낸 새송이 버섯, 자른 무와 양배추를 고르게 깐다.
6. 1의 양념장, 물, 송송 썬 홍고추를 넣고 중약불에 끓인다.

7. 한 번씩 저어 주면서 국물이 졸아들 때까지 끓인다.

8. 무가 익기 시작하면 불을 조금 줄이고 무가 완전히 익을 때까지 끓여 완성한다.

💧 소면을 곁들이고 싶다면 무가 익기 시작할 때 소면을 삶아 준비한다.

된장찌개

"다른 데 가지 말자. 나 집밥 먹고 싶어."

엄마, 아빠를 보는 일은 항상 우선순위에서 밀려났다. 일이 바쁘기도 했지만 한 시간 넘는 거리의 본가가 멀게도 느껴졌고, 휴무 날 집안일이라도 하게 되면 반나절이 훌쩍 지났기 때문이다. 그래도 진 빚이 많았다. 아무리 효도의 히읗도 모르는 딸이라도, 한국인으로 태어나 장녀로 자란지라 부모님이 내게 베푼 것들을 당연하게 여기거나 모르는 척하고 살 수는 없었다.

아직 무더위가 절정에 이르기 전, 매미가 땅에서 나와 7일간의 처절하고 비극적인 구애를 시작하기 전, 나는 부모님을 만나러 서울 근교에 있는 본가에 갔다. 늦은 점심 약속이라 배가 고팠지만 굳이 뭘 먹지는 않았다.

"뭐 먹고 싶은 거 있으면 말해, 식당 예약해 둘게."

부모님을 만나기 며칠 전 통화를 할 때 엄마가 신나는 목소리로 말했다. 무슨 소원이든 들어줄 수 있다는 듯 확신과 기쁨에 찬 목소리였다. 부모가 된다는 기분은 어떤 것일까, 문득 궁금해졌으나 생각을 멈췄다. 내가 탄 6호선에서 5호선으로 갈아탈 역에 도착했다. 유난히 많은 사람들이 내리기에 역 이름을 확인했으니 망정이지, 환승 타이밍을 놓칠 뻔했다. 예전에는 이쯤 되면 환승해야 한다는 걸 몸이 기억했다. 아무리 피곤하고 지쳐 있더라도 집에는 가야 했으니까. 하지만 본가를 나온 지 1년도 되지 않아 몸은 그 기억을 잃었다. 서른 중반에 이르니 어떤 기억들은 빠르게 내 몸에서 빠져나가는 기분이 든다.

"**역 1번 출구에 나가 있을게." 아빠에게서 카톡이 왔다. 별로 덥지도 않아서 그냥 걸어가도 될 일이었지만 아빠는 꼭 나를 이렇게 유난스럽게 챙겼다. 아이러니한 사실은 그러면서도 정작 내 의견은 별로 듣지 않는다는 것이다. 그래도 예전에 비하면 나아졌다. 시간이 우리에게 가르쳐 준 것도 있었다. 가족 관계에도 노력이 필요하다는 것. 아빠는 분명히 노력하고 있었다. 내 마음에 차지 않는 노력이라도 모르는 척할 수는 없었다. 사실 6분 남짓한 거리를 걷는 것보다 아빠 차를 얻어타는 게 아주 약간이지만 더 편하긴 했다.

"이게 누구야, 우리 이쁜 수잔이네. 아이고, 반가워라."

집에 도착하니 엄마가 소리를 지르며 인사를 건넸다. 엄마의 키가 좀 더 작아진 것 같았다. 부모님의 노화를 보고 있으면 여러 마음이 교차했다. 부모님은 나이가 들며 인상이 더 부드러워지고 선해졌지만, 몸집은 자꾸 줄어들어 갔다. 한결 세상을 편안하게 살아가는 것 같아 한시름 놓다가도, 점점 더 연약해지고 부드러워지는 부모님의 몸을 보면 형용하기 힘든 두려움이 뱃속에서부터 머리끝까지 단숨에 솟구쳤다.

집 안에는 벌써 음식 냄새가 가득했다. 익숙하고 편안한 냄새였다. 부모님의 노화나 심리적 분석 등에 대한 생각은 단번에 날아가 버렸다. 나는 거침없이 화장실에 들어가 손을 씻은 뒤 식탁에 앉았다. 각종 반찬들이 식탁 위를 가득 채우고 있었지만 내 시선을 독차지한 것은 된장찌개였다.

너무 뻔한 집밥이지만, 된장찌개가 가진 푸근한 힘에 한 번 익숙해지면 빠져나오기 쉽지 않다. 게다가 집집마다 된장찌개의 맛이 무척 다르고, 시판 된장으로 낼 수 있는 맛에는 분명히 한계가 있다. 엄마는 집에서 만든 막장이나 집된장을 주로 사용했다. 당연히 시판 된장을 사다가 찌개를 끓이면 그 맛이 날 리가 없었다. 된장과 몇 가지 채소만 있으면 쉽게 만들 수야 있지만 정말 맛있는 된장찌개를 만들고 싶다면 장보기부터 재료의 조합, 재료를 넣는 순서, 물의 양과 끓이는 시간까지 하나하나 정성을 기울여만 한다. 그래서인지 어린 시절 엄마가 밥이 다 되었다고 나를 부르는 소리가, 나는 혼자가 아니고 보호받고 있다는 느낌이 맛있는 된장찌개를 먹을 때마다 떠오른다.

어린 시절 나는 밥을 두 공기 먹는 날이 많았다. 대부분의 경우엔 메인이 될 만한 요리 때문이 아니라 국이나 찌개 때문이었다. 밥공기에서 밥을 잔뜩 떠서 국이나 찌개가 담긴 그릇에 옮기고 밥을 국물과 잘 섞은 뒤, 숟가락 한가득 건더기와 밥, 국물이 골고루 올라가게 푹 떠서 입안에 집어넣으면 입안에서 더없는 행복과 위안이 퍼져나갔다. 나는 고집스럽게 그 행복과 위안을 입안으로 계속 들여보내려고 했다.

초등학교 저학년 시절의 어느 초여름 오후, 학교에서 귀가한 뒤 나는 낮잠에 빠졌다. 갑자기 잠에서 깼을 땐 집 안에 아무도 없었다. 해가 지기 시작했고, 이상할 정도로 고요한 집 안의 적막 한가운데 있었는데, 사무치게 외로웠다. 온 세상에 나 혼자라는 느낌이 나를 잠식했고, 마음 어느 한구석에 구멍이 뚫린 것처럼 시리고 외로운 바람이 계속 마음 안으로 들어왔다.

그 뒤로 나는 더욱 먹어댔다. 시간을 들여 엄마가 만들어 준 집밥과 간식들을 계속 내 안에 집어넣었다. 어린 시절의 나는 먹는 행위와 읽는 행위 외에 달리 마음속의 구멍을 메울 방법을 알지 못했다. 특히 집밥이라는 작은 행복이 입안에 퍼질 때는 그 구멍이 잠깐이나마 메워지는 것 같았다. 챙김 받는다는 느낌, 사랑받고 있다는 느낌 때문이었을까? 잘 모르겠다.

어른이 되고 집밥을 먹을 일이 줄어들면서 그 구멍은 더 자주 자신의 존재를 과시하지만, 적어도 내 혀는 위안이 되는 집밥의 맛을 기억한다. 그래서 그 구멍 비슷한 것을 안고 살아가는 모든 한국의 어른들이 된장찌개 맛있게 끓이는 법 하나 정도 가지고 있으면 나쁠 건 없다고 생각한다.

레시피

재료

애호박 1/6개, 두부 1/3모(100g), 표고버섯 2개, 송송 썬 대파 1/2줄기, 채 썬 양파 1/4개, 감자 1개, 송송 썬 청양고추 3개, 다진 마늘 1큰술, 된장 1.5큰술, 들기름 1큰술

다시마 물 마른 다시마 1조각, 물 350ml

요리하기

1. 마른 다시마를 물에 넣고 불려 다시마 물을 준비한다.
2. 다시마를 불리는 동안 냄비를 가열한 뒤 들기름을 두르고 송송 썬 대파를 넣는다. 중약불에 볶아 파기름을 낸다.
3. 대파가 익기 시작하면 채 썬 양파를 넣고 겉면이 익을 때까지 볶는다.
4. 1의 다시마 물에서 다시마를 건져 내고 물만 냄비에 넣는다. 감자를 먹기 좋은 크기로 잘라 넣고 송송 썬 청양고추, 다진 마늘, 된장을 넣은 다음 된장이 잘 풀어질 때까지 중불에서 끓인다.
5. 찌개가 끓기 시작하면 애호박을 먹기 좋은 크기로 잘라 넣는다.
6. 감자가 익기 시작하면 두부와 표고버섯을 먹기 좋은 크기로 잘라 넣고 5분 정도 더 끓여 완성한다.

두부조림

친할머니는 내가 중학교 2학년일 때 돌아가셨다. 평생 고생을 하시다가 췌장암 말기에 암을 발견해서 간신히 중환자실에 입원하셨지만 그땐 이미 치료하기가 힘든 상태였다. 삯바느질을 오랫동안 하셨던 할머니는 약기운에 병상에 누워 주무시면서도 손을 바삐 움직이셨다. 누가 봐도 바느질을 하시는 것 같았다. 매사에 뾰로통한 중학교 2학년이었지만 그런 할머니의 손을 보니 눈물을 참을 수가 없었다.

할머니는 좋은 사람이셨다. 어떤 사람들의 미소는 그들의 인격을 잘 보여주는데, 나는 아직도 우리 할머니처럼 온화한 미소를 가진 노년의 여성을 본 적이 없다. 아직도 그런 할머니를 생각하면 눈물이 날 때가 많다.

명절이나 연휴 저녁에 할머니 댁에 도착하면 항상 두부조림 냄새가 집 안에 가득했다. 아빠가 퇴근하자마자 서둘러 가느라 우리는 저녁을 먹지 않은 채였다. 할머니는 밤 아홉 시쯤에야 도착하는 우리를 기다리며 저녁을 차려 놓으셨다. 고기와 나물로 만든 반찬 몇 개와 함께 밥상에는 항상 두부조림이 있었다. 다진 양파와 대파가 잘 익었고 두부에는 양념이 잘 스며들어 있어 밥도둑이었다. 은은하게 나는 들기름 향도 좋았다. 나중에 할머니가 돌아가신 뒤 엄마가 할머니의 레시피를 따라 만든 두부조림도 할머니가 해주시던 것과 비슷한 맛이 났다.

할머니와 엄마 모두 굳이 멸치 육수를 쓰진 않았다. 다시마나 무만 넣어도 깔끔하며 감칠맛이 나는 두부조림을 만들 수 있다. 양파와 대파를 넉넉히 넣으면 그냥 양념장에 물만 넣고 조려도 맛있다. 그래도 무가 제철인 가을이나 겨울에 두부조림을 만든다면 이 레시피처럼 무를 조금 넣어 같이 조리면 손해볼 것이 없다.

레시피

재료
두부 1모(300g), 대파 1줄기, 양파 1/2개, 표고버섯 2개, 홍고추 조금, 무 100g, 물 200ml

양념장 간장 2.5큰술, 들기름 1큰술, 다진 마늘 1작은술, 고춧가루 2큰술, 설탕 1작은술

요리하기

1. 두부는 면포나 키친타월에 감싸 물기를 빼 둔다.
2. 그릇에 양념장 재료를 모두 넣고 잘 섞은 다음, 다른 재료를 준비하는 동안 냉장고에서 잠시 숙성시킨다.
3. 대파는 송송 썰고, 양파와 표고버섯은 다지고, 홍고추는 얇게 썰고, 무는 채 썬다.
4. 물기를 뺀 두부는 너무 두껍지 않게 먹기 좋은 크기로 자른다.
5. 냄비에 다진 양파와 채 썬 무를 먼저 깐다.
💧 양파와 무를 먼저 깔면 두부와 양념장이 냄비에 달라붙는 걸 막아 준다.
6. 양파와 무 위에 다진 표고버섯을 올린다.

7. 표고버섯 위에 자른 두부와 2의 양념장을 올린다.

8. 물을 넣고 중약불에 끓인다. 양념장이 풀어지고 물이 끓기 시작하면 송송 썬 대파와 얇게 썬 홍고추를 넣는다.

9. 국물이 졸아들 때까지 약 10분 정도 끓여 완성한다.

들기름 들깨 국수

인연을 유지하는 게 내게는 항상 힘들었다. 정말 좋은 사람들, 매력 있는 사람들, 심지어 나를 다정하게 여기고 아껴주는 사람들의 손을 놓친 일이 많았다.

내 앞에 다급한 무언가가 생기면 다른 것을 신경 쓰기가 어려웠다. 처음 일했던 주방에서 나는 멀티가 심각하게 안 되는 사람이라는 걸 절절하게 깨달았다. 방금 전까지 분명히 할 일을 체크하고 기억하고 있었는데 요리 주문이 들어오면 까맣게 잊어버리기도 했다. 핑계를 만들려는 건 아니다. 나도 참 답답했다. 그런 일들이 반복되면서 때로는 몰두하고 있던 일조차 망치고야 말았다.

인간관계에서도 그런 식이었다. 다른 곳에서 살게 되거나 다른 곳의 일원이 되고 나면 지금 서 있는 자리의 바깥을 생각하기가 어려웠다. 그게 한때 아무리 익숙했던 곳이라도 말이다. 지나간 인연들을 생각하고, 그들의 행복을 빌고, 또 그들의 삶을 헤아려 보기도 하지만, 애를 써서 연락을 하고 연락을 이어가는 그 모든 일에 에너지가 너무 많이 들었다. 서운하다는 사람들도 많았다. 그 사람들의 마음을 이해하는 만큼 나도 나의 방식이 힘들었고, 납득이 잘 되지 않았다.

어느 날 이런 이야기를 들었다.

"수잔 씨, 아마도 본인의 삶에 자신이 없어서 그런 게 아닐까요? 남에게 무언가 보여주어야 하고 설명해야 한다는 압박감도 심한 것 같고요. 그러니 당장 눈앞에 있는 일에만 에너지를 쏟게 되고, 그걸 잘 완성해서 보여주지 않으면 본인이 하는 일이나 본인의 삶이 별로 가치가 없다는 생각을 하는 것 같아요."

그런가 보다 싶었다. 하지만 또 그것만이 이유는 아닐 거라는 생각을 했다.

꽤 오랫동안 가까웠던 친구들이 있었다. 당시에 내가 살던 곳은 서울 중심부에서 멀었는데도 그 친구들은 꼭 한 번씩 우리 집에 왔다. 길다면 긴 시간을 들여 우리 집까지 와준 사람들의 배를 든든하고 기쁘게 채워주는 것 말곤 달리 할 수 있는 게 없겠다는 마음도 내가 요리에 마음을 붙이게 된 중요한 이유 중 하나였다. 내 공간에 들어온 사람들이 배가 고픈 것도 싫었고, 맛없는 것으로 대충 요기하는 것도 싫었다.

가끔 친구들에게 정말 내줄 것이 없을 때는 들깻가루를 듬뿍 넣은 들기름 국수를 만들어 주었다. 집에 면은 늘 있는 편이었고 들기름이나 들깻가루도 항상 있었다. 친구들은 이 국수를 잘 먹었다. 더 달라고 하기도 했는데 그 말이 좋은 노래의 가사같이 귀에 내려앉았다. 내 자식도 아니고, 애인도 아니고, 가족도 아닌데, 나도 참 유난스럽게 남의 배 채우는 데 관심이 많았다.

이 친구들과 오래오래 보겠다, 라고도 자주 생각했다. 여기까지 나를 보러 와준 친구들의 마음, 잘 먹이려는 나의 마음을 서로 잘 이해했다고 믿었다. 그러나 어느 정도 익숙하고 편안한 직업을 그만두고 조금은 늦은 나이에 주방 일을 시작하면서, 내 삶이 그들의 삶과 너무나도 달라졌다는 느낌이 들었다. 말할 수 없을 정도로 괴로운 일이 있어도, 말은 할 수 있을 만큼의 어려운 일이 있어도, 친구들에게 굳이 말을 하지 않았고 할 수 없었다. 기쁜 일을 나누는 것도 마찬가지로 딱 그만큼 힘들었다.

나 자신도 여전히 이해할 수 없는 내 마음의 구조는 결국 전부 조망할 수 없을 것 같다. 내가 이 마음의 밖이 아니라 마음 안에 존재하기에, 이 구조 전체를 보는 건 절대 쉽지 않을 거다. 그냥, 조금 더 진심으로 내 선택과 내 삶을 응원하고 사랑하는 수밖에 없다.

내가 만든 밥을 가장 자주 먹는 애인이 차가운 면 요리를 좋아하지 않아서, 이젠 혼자서나 가끔 해 먹는 이 국수는 여전히 맛있다. 예전 친구들과의 기억이 떠올라 먹을 때마다 조금 씁쓸하긴 하지만 맛은 좋은 이 요리처럼, 내가 낼 수 있는 좋은 맛에 자부심을 가지려고 노력할 뿐이다. 그래도 다 좋은 기억이다. 내게 소중했던 이들이 내가 만든 것들을 좋아했다는 건 평생 간직할 만한 기억이다.

레시피

재료
메밀국수 1인분

양념 들기름 1큰술, 간장 1큰술, 매실액 0.5큰술, 올리고당 1작은술, 레몬즙 1작은술, 들깻가루(탈피) 3큰술

요리하기
1. 끓는 물에 메밀국수를 넣고 약 6분 정도 삶는다.
2. 삶은 메밀국수를 건져 차가워질 때까지 찬물에 씻은 다음 체에 밭쳐 물기를 뺀다.
3. 물기를 뺀 국수를 그릇에 넣고 양념 재료를 모두 넣는다.
4. 잘 비벼 완성한다. 그대로 먹거나 원하는 고명을 올려 플레이팅한다.

유부 꽈리고추 볶음

　이십대 초반에 처음 자취를 하며 밥을 해 먹을 땐 쓰고 남은 채소들이 골칫거리였다. 무엇을 요리하든 기본적인 채소는 항상 필요했는데, 아무리 적은 용량을 사도 채소가 늘 남았다. 냉장고 안에서 시들어가는 남은 채소를 계속 외면하다가 채소에 곰팡이가 잔뜩 피어나기도 했다. 울며 겨자 먹기로 썩어가는 재료들을 치우고 냉장고 청소를 하면서 야무지게 잘 사는 건 대체 어떻게 하는 것인지 고민하기도 했다. 내가 대체 뭘 잘못했길래 채소들은 이렇게 금방 썩어가는 것인지, 얼마나 철저하게 식단을 계획해야 남는 게 없을지, 남들은 무얼 해 먹고 어떻게 치우고 사는지 등 수많은 질문들이 머릿속을 스쳐 지나갔다.

　그렇게 십 년이 넘는 시행착오를 겪으며 드디어 답을 깨달았다. 채소로 된 무언가를 많이 만들면 된다. 일상에서 채식 식단을 늘리거나 채소 요리의 비중을 늘리면 된다. 채소로 샐러드도 만들고 드레싱도 만들고 반찬도 자주 만든다. 그래도 남는 채소는 밥을 할 때 넣거나 오븐이나 에어프라이어에 굽는다. 아직 싱싱하면 비빔밥을 해 먹는다.

　물론 채소를 어디에 쓸지 철저하게 계획한다 해도 현대인에겐 시간이 문제다. 일을 하고 돌아오면 시간은커녕 에너지도 없다. 스마트 기기를 들여다보며 그냥 누워 있고 싶은 욕망에서 나도 자유롭진 않다.

　하지만 요리는 운동과도 닮았다. 건강에도 도움이 되고, 할수록 익숙해지고, 돈을 벌어다 주진 않아도 나만의 소중한 자산이 된다. 재료를 음미하는 능력도 조금씩 생긴다. 이런 능력은 밖에서 음식을 먹을 때도 더 큰 즐거움을 가져다준다.

　꽈리고추를 사려고 하면 보통 단위가 100g부터 시작된다. 동네의 작은 마트에서 사면 200g은 족히 넘는다. 1인 가구에겐 적은 양이 아니다. 그래도 신선한 꽈리고추는 맛있다. 그래서 나는 결국 꽈리고추를 산다. 왜 샀을까, 라며 후회할 수는 없다. 일단 삼분의 일 정도는 반찬을 만든다. 나머지는 잘 씻어서 비빔밥에 생으로 잘라 넣어도 맛있고, 샐러드에 조금 넣어도 좋다. 파스타를 할 때도 쓸 수 있다. 간혹 피클을 만들기도 한다.

 유부 꽈리고추 볶음은 한국 사람이라면 익숙한 멸치볶음을 응용한 반찬이다. 유부를 선택한 이유는 간단하다. 양념이 배어들게 볶은 유부는 맛있기 때문이다. 고기를 좋아하는 나의 외국인 애인도 이 반찬을 좋아했다. 그는 젓가락으로 한 입씩 가져다 먹는 대신 두세 숟가락 가득 떠서 밥 위에 얹어 비벼 먹길 택했다. 고기를 좋아하는 다른 누군가에게 해줘도 괜찮은 반찬일 것이다.

레시피

재료
냉동 유부 6-7조각(양념 안 된 것), 홍고추 조금, 마늘 8-10알, 꽈리고추 1줌 반, 식용유 적당량, 통깨 조금

양념장 간장 2.5큰술, 올리고당 1큰술, 설탕 1큰술, 후추 조금

요리하기

1. 유부는 세로로 길게 자르고, 홍고추는 송송 썰고, 마늘은 편 썬다. 꽈리고추는 꼭지를 제거한 다음 절반이나 3등분해 자른다.
2. 그릇에 양념장 재료를 모두 넣고 섞는다.
3. 팬을 가열한 뒤 식용유를 두른다. 편 썬 마늘을 넣고 중약불에 볶는다.
4. 마늘이 익기 시작하면 자른 꽈리고추를 넣고 약 2분 정도 볶은 다음 2의 양념장을 넣고 약 1분 정도 볶는다.
5. 길게 자른 유부를 넣고 양념장이 잘 스며들도록 휘저으며 볶는다.
6. 송송 썬 홍고추와 통깨를 넣고 잘 섞어 완성한다.

봄동 겉절이

봄이 오는 걸 알려주는 것은 많다. 바뀐 낮의 길이, 한결 따뜻해진 햇살, 길에 심어진 나무나 풀들 사이로 돋아나는 연한 새순들, 그리고 마트에 나온 봄 채소들. 달래나 냉이 그리고 봄동이 나오면 아직 쌀쌀해도 봄이 온다는 걸 실감할 수 있다.

벌써 네 개의 계절이 또 지나갔다. 하지만 세월이 또 갔다고 한숨을 쉴 겨를이 없다. 마트에서 발견한 봄동을 재빨리 집어들었다. 옆에서 시금치를 고르시던 아주머니가 말을 건네셨다.

"아이고, 그건 좀 덜 실하다. 속잎이 샛노란 걸 골라야 해, 그래야 아삭하고 달아."

아주머니는 딸이 생각나셨던 걸까. 그냥 참견을 하고 싶으셨던 걸지도 모르겠지만 마음이 초봄 햇살처럼 따뜻해졌다. 대충 잎이 시들거리지 않는 것을 골라가려던 생각을 접었다. 아주머니는 웃으며 또 말을 건네셨다.

"봄동이 괜찮네, 나도 한 포기 사서 겉절이 해야겠다."

아주머니의 손이 재빠르게 제일 싱싱해 보이는 봄동을 골라냈다. 그러곤 내게 건네주셨다.

"이걸로 가져가. 이게 좋다."

정작 본인이 고른 봄동은 내 것보단 상태가 별로였다. 더 좋은 걸 가져가시라고 해도 웃기만 하셨다. 정말 감사하다고, 좋은 하루를 보내시라고 말씀드린 뒤 집으로 향했다.

집에 돌아오자마자 봄동으로 만들 수 있는 가장 쉬운 요리를 시작했다. 다진 마늘을 꺼내고, 양파를 잘랐다. 봄동도 잘 씻어서 물기를 뺀 뒤 먹기 좋게 잘랐다. 향을 더 넣고 싶어 깻잎도 준비했다. 갖은양념을 만들고 잘 버무려 간단하게 봄동 겉절이를 완성했다.

레시피

재료
봄동 15-17장, 깻잎 5장, 양파 1/3개, 굵은소금 1꼬집, 송송 썬 홍고추 조금(옵션)

양념장 간장 1.5큰술, 참기름 0.5큰술, 매실액 0.5큰술, 다진 마늘 1작은술, 고춧가루 1.5큰술, 설탕 1작은술, 통깨 조금

요리하기
1. 봄동은 먹기 좋게 한입 크기로 자른다.
2. 깻잎은 꼭지를 떼고 적당한 크기로 자른다.
3. 양파는 너무 두껍지 않게 채 썬다.
4. 그릇에 양념장 재료를 모두 넣고 섞는다.
5. 믹싱볼에 자른 봄동과 깻잎, 채 썬 양파를 넣고 굵은소금을 뿌려 버무린 다음 4의 양념장과 송송 썬 홍고추를 넣고 잘 섞어 완성한다.

PART2

다채로운
세계 요리 레시피

보르시
- 슬라브 지역

"학부 전공은 노어노문학이에요."라고 말하면 어떤 사람은 노르웨이어를 공부한 거냐고 묻는다. 노어노문학이 사실 러시아어와 러시아 문학을 가리킨다는 걸 아는 사람을 만나면 '어째서?'라는 질문을 받게 된다. 심지어 러시아인이나 슬라브 문화권 사람을 만나도 마찬가지다. 내 또래의 사람이라면 내가 성적에 맞추어 대학을 선택하느라 노어노문학과에 간 게 아닌가 하고 짐작하기도 한다.

의외로 나는 정말 러시아 문학이 재밌었다. 그게 내가 전공을 선택한 이유였다. 심리학도 궁금했고 저널리즘도 궁금했지만 두툼한 러시아 문학 속에 등장하는 인물들은 어딘가 기괴하면서도 익숙했다. 그래서 이야기가 진행될수록 독자인 나는 인물들에게 마음을 쓸 수밖에 없었다.

십대 시절, 하루 일과를 끝내고 집에 돌아오면 간식이 있나 없나 냉장고부터 열었다. 간식이 있으면 식탁에 잠깐 앉아 허기를 채웠다. 간식이 없으면 약간 서운한 마음으로 곧장 방으로 향했다. 그리곤 편한 옷으로 갈아입고 책장을 바라보며 책을 골랐다. 주로 추리 소설, 모험 이야기 아니면 러시아 문학 문고판이었다. 침대에 엎드려 고른 책을 펼친 뒤 이불을 두르고 하염없이 이야기 속으로 빠져들었다.

그중에서도 러시아 소설 속 인물들이 유난히 흥미로웠다. 광인이 된 하급 관리나 성자에 가까운 백치, 개인의 사랑과 욕망 그리고 사회적 위치와 전통적 윤리로 인해 고민하는 여성, 보드카에 취한 아저씨 등 낯설지만은 않은 다양한 인물들이 이야기마다 존재했고, 이 인물들은 십대 독자였던 나의 기대를 배반하는 길도 종종 선택했다. 그렇게 지루한 십대의 저녁 시간은 러시아 문학을 향한 애정으로 채워졌고, 그 십대는 결국 자신의 저녁 시간을 채워 준 러시아 문학을 공부하기로 마음먹었다.

그런 이유가 없었다면, 내가 보르시에 대해 들어봤거나 보르시를 먹어봤을 확률은 적다. 보르시에 들어간 비트의 색깔은 예쁘지만 내가 아는 식탁 위 음식들의 색깔과는 사뭇 다르고, 한국에서 쉽게 먹을 수 있는 음식도 아니기 때문이다.

　대학교 1학년 때, 러시아인 교수님과 나를 포함한 신입생 동기들은 당시 동대문 운동장이었던 지금의 DDP 근처 러시아 음식점을 찾았다. 아직 1학기 중반도 안 된 시기라 다들 어색했다. 나도 어색해서 식당에 들어서자마자 테이블만 뚫어져라 쳐다봤다. 샤슐릭과 보르시가 주 메뉴였는데, 보르시의 특이한 색깔에 다들 놀란 눈치였다. 지금으로부터 15년 전인 그 당시에는 동네 마트나 시장에서도 비트가 잘 보이지 않았다. 나는 보르시의 색깔보다는 어색함이 더 견디기 힘들었다. 무엇보다 배가 고팠다. 눈치 보기는 포기하고 보르시를 한 숟가락 떠먹어 보았다. 신기할 정도로 익숙한 맛이 났고, 전혀 이상하지 않았다. 오히려 맛있었다. 매운맛이 없고 달짝지근한 김치찌개 같았다.

　사실 보르시는 러시아뿐만 아니라 우크라이나 같은 다른 슬라브 지역에서도 자주 먹는 요리다. 그러니 러시아만의 음식이라고 볼 수는 없다. 또한 우리나라의 찌개처럼 레시피가 집집마다 조금씩 다르다고 한다. 중앙아시아에서 온 친구 말에 의하면 본인도 보르시를 자주 해 먹었다고 한다. 엄마만의 레시피가 담긴 보르시가 그립다고 하는 그 친구에게 나도 엄마 된장찌개가 그립다고 말했다. 친구는 나를 흘겨보며 몇 시간만 투자해서 엄마도 좀 보고 찌개도 먹고 오라고 했다.

　전통적인 보르시 레시피에는 고기가 들어가지만 고기 없이 토마토, 비트, 양배추가 내는 단맛과 감칠맛만으로 깔끔한 채식 보르시를 만들 수 있다. 거기에 식물성 마요네즈를 더하거나 직접 크림을 만들어 올리면 좀 더 풍부한 맛을 즐길 수 있다.

레시피

재료

비트 1/2개, 당근 40g, 양배추 40g, 양파 1/3개, 감자 1/2개, 마늘 1알, 올리브유 적당량, 물 400ml, 토마토 페이스트 2큰술, 레몬즙 1큰술, 소금 1작은술, 이탈리안 허브 믹스 조금, 식물성 마요네즈 적당량(옵션), 후추 조금(옵션)

요리하기

1. 비트, 당근, 양배추, 양파는 가늘게 채 썰고, 감자는 먹기 좋은 크기로 자르고, 마늘은 다진다.
2. 냄비를 가열한 뒤 올리브유를 두르고 채 썬 양파를 넣는다. 붙지 않게 저어가며 중약불에 볶는다.
3. 양파가 익기 시작하면 채 썬 당근을 넣고 약 3분 정도 볶는다.
4. 채 썬 비트와 양배추, 다진 마늘을 넣고 약 3분 정도 더 볶는다.
5. 자른 감자, 물, 토마토 페이스트, 이탈리안 허브 믹스를 넣고 중불에 끓인다. 국물이 졸아들기 시작하면 레몬즙과 소금을 넣고 불을 조금 줄인다.
6. 비트와 감자가 부드럽게 푹 익으면 완성이다. 기호에 따라 식물성 마요네즈와 후추를 더해서 먹는다.

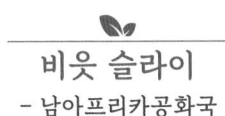
비웃 슬라이
- 남아프리카공화국

어렸을 때 종종 먹던 간식 중에는 맥주 사탕, 페인트 사탕, 백 원짜리 조그만 과자 같은 것들이 있었다. 유난히 신맛이 많이 나는 사탕 종류도 있었다. 그런 사탕을 먹으면 입안 가득 침이 고였다. 신맛을 내는 유기산은 미각을 자극하고 침과 위산 분비를 촉진하며, 식욕을 높이기도 한다. 우리가 먹는 음식에도 신맛이 들어간 것들이 많다. 식초나 레몬즙이 잔뜩 들어간 피클류도 그런 음식이다.

나의 애인은 자신의 고향인 남아공에서 종종 먹던 요리들을 무척 그리워했다. 그가 찾을 수 있는 남아공 요리가 서울에 없는 건 아니었다. 그래도 서울에서는 그 맛이 안 난다며 가끔 서운해했다. 5년을 한국에서 살았으니 한국 음식을 어려워하지 않고 오히려 좋아하는 편이었지만, 고향의 음식이 그리운 그 마음도 이해가 갔다. 당장 나만 해도 엄마가 자주 해주던 음식들이 그리운데, 그가 느끼는 그리움은 얼마나 클까 헤아려 보면 마음 한 켠이 욱신거렸다.

가까운 누군가가 가진 그리움이나 외로움의 무게를 덜어주고 싶은 마음이 들 때 내가 그 사람을 사랑한다는 사실을 깨닫게 된다. 거기에 그 사람이 풍족히 먹고 배불렀으면 좋겠다는 마음도 더해진다.

어느 날 애인은 할머니가 해주던 비트 피클인 비웃 슬라이 이야기를 꺼냈다. 입안 가득 퍼지는 신맛과 잘 익힌 비트의 부드러움, 양파의 아삭함이 담긴 요리를 어찌나 생생하게 설명하는지 내 입에도 침이 고였다.

그의 그리움은 덜어주고 풍족함은 더해주고 싶은 마음에서 시작한 이 남아공식 비트 피클은 나에게도 풍족함을 주었다. 완성된 비웃 슬라이에서 올라오는 새콤한 냄새에 입에 침이 잔뜩 고였다. 지방이 상대적으로 많은 스프레드를 만들어 사워도우 빵 위에 올려 비웃 슬라이와 함께 먹었다. 앉은 자리에서 큼지막한 사워도우 한 조각과 스프레드, 비웃 슬라이를 다 먹고 나니 기분 좋은 신맛이 입안을 맴돌았다. 크게 망설이지 않고 빵을 한 조각 더 데웠다.

레시피

재료

비트 150g, 다진 양파 30g, 쉐리 비네거 또는 화이트 와인 비네거 75ml, 머스터드 씨드 1작은술, 코리앤더 씨드 1작은술, 소금 1작은술, 설탕 1큰술, 통 흑후추 조금(옵션)

요리하기

1. 팬을 가열한 뒤 머스터드 씨드와 코리앤더 씨드를 넣고 향이 올라올 때까지 약불에 볶는다.
2. 냄비에 비트를 넣고 비트가 잠길 만큼 물을 넣는다. 볶은 머스터드 씨드와 코리앤더 씨드, 통 흑후추를 넣고 비트의 식감이 부드러워질 때까지 약 30분 정도 중불에 삶는다.
3. 삶은 비트를 꺼내 체에 밭쳐 물기를 뺀다.
4. 물기를 뺀 비트를 잘게 다지거나 채 썬 다음 그릇에 넣고 다진 양파, 쉐리 비네거, 소금, 설탕을 넣고 섞어 완성한다.
5. 완성된 비엣 슬라이는 뜨거울 때 밀폐 용기에 넣어 냉장 보관하면 약 1-2주 정도 먹을 수 있다.

💧 2의 머스터드 씨드와 코리앤더 씨드, 통 흑후추도 함께 넣어 보관하면 향이 오래 간다.

가스파초
- 스페인

어릴 때 나는 여름이 너무 싫었다. 특히 한국에서는 샤워를 하고 밖에 나오면 그 순간 다시 땀이 났다. 에어컨을 오래 켜두면 에너지 낭비나 전기세도 문제지만 비염이 올라왔고 머리가 아팠다. 주근깨도 한층 짙어졌다. 그걸 본 남자애들은 내 주근깨를 가지고 놀렸고, 아름다움에 민감한 여자애들은 미백 크림이라도 바르라고 조언을 해댔다. 땀이 나고 옷이 달라붙고, 더우니 옷으로 몸을 가릴 수 없었고, 나는 내 몸을 사랑한 적이 없어서 으앙, 으앙 울고 싶을 지경이었다.

몸이 더 날렵해진 이십대에도 여전히 여름이 싫었다. 날씨도, 여름옷도, 많아진 벌레나 모기도, 그리고 지나간 여름의 기억도 다 싫었다. 여름이 좋다고 하는 사람들은 얼굴이 밝았다. 근데 나는 그것도 싫었다. 그 사람들이 싫은 게 아니라 그만큼 여름이 싫었다. 그들을 이해할 수 없었다.

그랬던 내가 어쩌다 여름을 기다리고 좋아하게 되었는지, 정확한 이유와 시기는 모르겠다. 아마도 내 자신을 더 편안하게 받아들인 이후인 것 같다. 서른이 넘어간 뒤의 일임은 틀림없다. 뜨거운 여름날 한참을 달리는 것도 어느새 좋아하게 되었다. 땀이 두피부터 발바닥까지, 피부가 있는 모든 곳에서 나와도 이제는 괜찮았다. 날씨와 내 몸이 연결되어 교감하는 느낌, 여름의 햇살이 온몸을 뒤덮는 느낌이 축복 같았다. 그래서 일부러 더 걷고 햇빛을 만끽하기 시작했다.

스페인 음식인 가스파초는 스페인에서 한 번, 그리고 한국의 친구 집들이에서 한 번 먹어 본 게 전부지만 나에게는 여지없는 여름의 맛이다. 뜨겁고 무거운 음식이 잘 들어가지 않는 여름, 살면서 딱 한 번 만끽했던 스페인의 여름에 먹었던 가스파초는 시원하고 달았다. 영원히 떠먹을 수 있을 것 같았고, 아이스크림보다 좋았다. 가스파초를 삼킨 입안에 감칠맛이 가득 남았다. 스페인에서 교환학생으로 지내다 돌아온 친구는 집들이 때 환하게 웃으며 친구들을 맞이하고 신나게 가스파초에 대해 설명해 주었다.

예전에는 여름을 싫어하느라 그 좋은 기억들을 놓고 살았다. 여름을 좋아하게 된 지금에서야 조금 흐릿해진 그 기억을 즐겁게 떠올리고 곱씹는다. 가스파초는 내 여름이 항상 나쁘지만은 않았다는 증거다.

작년, 좋아하는 동네로 이사를 오고 여름을 맞이한 뒤 시간이 날 때마다 발코니에 앉았다. 햇살이 뜨거워 가만히 앉아 있어도 여기저기서 땀이 흘렀지만 여름이 가는 게 아쉬워 어쩔 수 없었다. 때마침 자주 가던 동네 바에서 같이 팝업을 하자는 제안을 받았다. 나는 보내주기 싫은, 이제서야 사랑하게 된 여름을 위한 메뉴들을 생각해 보았다. 그중 하나가 가스파초였다. 한국인이든 아니든, 비건이든 아니든, 팝업을 찾은 모두들 나의 가스파초를 좋아했다. 9월을 앞둔 그날 햇살은 아직 뜨거웠고, 여름이 내어준 토마토와 오이 덕분에 팝업을 잘 끝냈다. 다 여름 덕분이었다.

레시피

재료
토마토 1개, 파프리카 40g, 오이 1/3개, 셀러리 5g, 적양파 40g, 마늘 1알, 사워도우 15g, 올리브유 2큰술, 쉐리 비네거 1큰술, 소금 0.5작은술, 큐민 0.5작은술, 후추 조금

요리하기
1. 토마토, 파프리카, 오이, 셀러리, 적양파, 마늘, 사워도우를 적당한 크기로 잘라서 준비한다.
2. 믹서기나 블렌더에 1과 올리브유, 쉐리 비네거, 소금, 큐민, 후추를 넣고 갈아 완성한다.
3. 완성된 가스파초는 차가워질 때까지 냉장고에 넣었다가 크루통이나 허브, 쪽파 등 원하는 토핑을 올리고 분량 외의 올리브유나 후추를 살짝 더해서 먹는다.

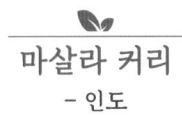

마살라 커리
- 인도

정통 커리라는 걸 처음 먹은 건 십대 시절 아빠를 따라 갔던 네팔에서였다. 당시엔 밥을 손으로 먹는 사람들이 꽤 있었고 나도 크게 거부감을 느끼지 않아 그렇게 먹었다. 손에서는 늘 커리 냄새가 났는데, 그게 싫지 않았다. 그 이후로도 길에서든 어디서든 커리 냄새를 맡으면 침이 고였다. 십대 시절의 나에겐 색다른 음식이었지만 정말 맛있었다. 급식에서 나오는 카레라이스나 엄마가 해준 카레는 그렇게 좋아하지 않았는데, 그보다 향이 강하고 특이한 재료가 많이 들어간 커리는 왜 그리 처음부터 좋았는지 지금도 알 수가 없다. 많이 움직이고 산을 올라서, 또 배고픈 십대라서 맛있게 느껴졌던 걸지도 모르겠다.

영국 스타일의 커리를 처음 먹은 건 런던에서 살던 시절이었다. 내가 살던 동네엔 배달을 하는 작은 커리집이 있었다. 우리나라의 배달 떡볶이처럼 매운 단계를 조절할 수 있었고, 비싸고 구하기 힘든 한식 재료를 사서 매운 요리를 만드는 것보다 저렴한 편이라 매운 음식을 먹고 싶을 때 가끔 시켜 먹었다. 두 번째인가 세 번째로 매운 단계를 주로 먹었는데 눈물이 다 날 정도로 매웠다. 그래도 향신료의 향과 감칠맛이 가득 담긴 그 매운맛을 포기할 수가 없었다. 특히 스트레스를 크게 받은 날에는 그만한 위로가 없었다.

커리에는 다양한 종류가 있고, 향신료의 배합이나 들어가는 재료도 각기 다르다. 모든 커리를 다 먹어보지는 않았지만 먹어본 커리 중에 입맛에 맞고, 항상 가장 좋아했던 건 티카 마살라였다. '티카'는 고기나 채소를 잘게 잘라서 향신료를 잘 배합한 양념에 재운 요리를 가리킨다. '마살라'는 우리나라의 갖은양념처럼 여러 가지 향신료를 섞어 페이스트나 가루 형태로 만든 것을 말한다.

처음 티카 마살라를 만들 땐 여러 다른 레시피를 참고했다. 그런데 들어가는 향신료의 양이 너무 적어 보여 조금씩 더 넣었다가 요리를 크게 망쳤다. 향신료의 향도 강했고, 양이 많다 보니 마살라가 조금 타버렸다. 쓴맛과 향만 강한 이상한 커리를 억지로 먹다가, 내 인생은 내가 사는 거지만 남의 말을 잘 듣고 새겨야 할 때도 있다는 생각을 하면서 웃었다.

하지만 또 남의 말만 들으면 내가 원하는 결과가 나오지 않을 때도 있다. 그럴 땐 직접 만들어 보는 수밖에 없다. 그렇게 수십 번 이상을 혼자 만들어서 결국 내가 바라던 맛을 찾았다. 티카 마살라는 요거트와 토마토 퓌레가 베이스이기 때문인지, 단맛보다는 신맛이 좀 더 강하다. 그래서 나는 당근을 넣어 자연스러운 단맛을 좀 더 끌어올린다. 매운맛을 내는 카옌 페퍼는 내 마음대로 더한다. 그날의 기분에 따라 커리의 맵기가 결정된다.

새로 알게 된 대상을 내 것으로 완전히 소화하려면 그저 계속 해야 한다. 반드시 성공이 보장되어 있진 않지만, 아마 나처럼 커리 정도는 어찌 해 볼 수 있게 될 것이다. 이 레시피보다 더 좋은 맛을 내고 싶다면 계속 해보며 본인의 입맛에 맞게 수정해 보길 바란다. 그러다 보면 알게 된다. 레토르트 커리보다 훨씬 나은 비건 커리를 내 손으로 만드는 게 결코 어려운 일은 아니라는 사실을.

레시피

재료

당근 40g, 양파 1/2개, 결두부 130g, 토마토 퓌레 300ml, 식물성 요거트 50g, 올리브유 적당량, 설탕 조금(옵션)

💧 결두부는 일반 두부로 대체 가능하다. 일반 두부를 쓰는 경우엔 물기를 뺀 뒤 올리브유를 발라 굽거나 커리 파우더, 올리브유 등에 재운 뒤 구워서 준비해 둔다.

마살라 고수 줄기 1줄기 분량, 레몬즙 1.5큰술, 다진 마늘 1작은술, 큐민 1.5작은술, 카옌 페퍼 1.5큰술, 가람 마살라 1작은술, 커리 파우더 또는 강황 가루 1작은술, 스모크드 파프리카 파우더 0.5작은술, 생강 가루 1꼬집, 소금 1작은술

💧 덜 맵게 만들고 싶다면 카옌 페퍼를 생략하거나 분량보다 조금 적게 넣는다.

가니쉬 고수 잎 1줄기 분량

요리하기

1. 고수의 잎은 가니쉬용으로 따로 떼어 두고 줄기는 마살라용으로 잘게 다진다. 당근, 양파도 잘게 다진다.

2. 결두부는 물기를 어느 정도 뺀 뒤 먹기 좋게 뜯거나 잘라 준비한다.

3. 냄비를 가열한 뒤 올리브유를 두르고 다진 양파를 넣는다. 중약불에 잘 저어가며 타지 않게 볶는다.

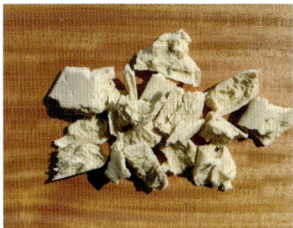

4. 양파가 익기 시작하면 다진 당근을 넣고 약 5분 정도 볶는다.
5. 1의 다진 고수 줄기를 포함한 마살라 재료를 모두 잘 섞은 다음 냄비에 넣는다. 불을 약불로 줄이고 커리의 향이 충분히 올라올 때까지 타지 않게 볶는다.
6. 토마토 퓌레를 넣고 잘 섞은 다음 불을 다시 중약불로 올려 끓인다.

💧 신맛을 중화하고 싶다면 이때 설탕을 조금 넣는다.

7. 준비한 결두부나 구운 두부를 넣고 두부에 커리가 잘 배어들 때까지 계속 끓인다.
8. 불을 다시 약불로 줄인 뒤 식물성 요거트를 넣고 섞는다.
9. 요거트가 커리와 잘 섞이면 불을 끄고 고수 잎을 가니쉬로 올려 완성한다.

마파두부
- 중국

나는 사람들을 만나 시간과 말을 나눠야 기운을 차리는 사람이었다. 왁자지껄한 환경이든 잔잔한 분위기든 상관없이 사람들과 같이 밥을 먹고 술을 마시고 속내를 나누고 집에 돌아가는 밤에는 '아, 참으로 살만하다.'라는 생각으로 가득 찼다. 기억에 남는 내 인생의 중요한 모든 순간에 나는 혼자가 아니었다.

그러나 코로나가 전 세계로 퍼져 나가고, 외출이 자유롭지 않은 상황에서는 외향인인 나도 별수 없었다. 홀로 응급실에 가야 했던 적도 있었고, 이별의 위기를 겪을 때에도 친구들을 만나 위안을 얻기 어려웠다. 일을 하고 부지런히 달리고 헬스장에 드나들어도 텅 비어있는 순간들이 많았다. 식물을 돌보고 책을 읽고 영화를 봐도 마찬가지였다. 자꾸만 나 자신을 바라볼 일이 많아졌다.

시간이 남다 보니 잠이 잘 오지 않는 밤에는 어려워서 엄두도 못 내던 베이킹을 시작했다. 작은 주방에서 낑낑거리며 손반죽을 치고, 발효를 기다리고, 빵을 성형한 뒤 주방보다도 훨씬 작은 전기 오븐에 반죽을 넣고 털썩 주저앉았다. 당시에 좋아하던 비건 호주 와인을 한 잔 따르고, 좋아하는 시집도 가져왔다.

기다림과 고요함으로 꽉 찬 그 시간엔 이상하게 모든 감각들이 살아났다. 코는 익어가는 빵 냄새로 가득 찼고 때때로 와인에서 올라오는 알콜 향과 달콤쌉쌀한 과실 향도 들어왔다. 눈은 부지런하게 책 속의 글자와 빵을 번갈아 가며 바라봤다. 잔과 종이를 번갈아 만지는 손도 분주히 움직였다.

그렇게 홀로 있는 게 익숙해져도 외로움이 기적같이 사라지진 않았다. 대신 그 홀로 있는 순간들은 손으로 무언가 만드는 기쁨, 요리의 기쁨을 알려주었고 가끔 만나는 친구들의 소중함도 더욱 일깨워 주었다.

모임 인원 제한과 시간 제한이 풀린 어느 날 집에 친구들을 불렀다. 화려한 요리들을 만들어 대접

했고, 우리는 많은 이야기와 술을 나눴다. 음식을 적게 만든 건 아니었지만 시간이 지나고 알콜이 축적되고, 이야기가 쌓이면서 입이 심심해졌다. 나는 반쯤 알딸딸한 상태로 주방으로 갔다. 두부와 연두부, 두반장과 고추기름, 산초 가루와 전분까지 다 갖춘 나에겐 취중이라도 마파두부를 만드는 게 무리는 아니었다.

레시피

재료

연두부 200g, 송송 썬 대파 1줄기, 다진 양파 1/2개, 다진 느타리버섯 100g, 고추기름 2큰술, 간장 1큰술, 두반장 2.5큰술, 참기름 1큰술, 설탕 0.5큰술, 산초 가루 조금(옵션)

다시마 물 마른 다시마 1조각, 물 300ml

전분 물 전분 가루 2큰술, 물 4큰술

요리하기

1. 그릇에 마른 다시마와 물을 넣고 불려 다시마 물을 준비한다.
2. 다시마를 불리는 동안 연두부를 깍둑 썰어 분량 외의 끓는 물에 넣고 데친다. 연두부가 물 위로 떠오르면 건진다.
3. 건진 연두부는 체에 받쳐 물기를 뺀다.
4. 팬을 가열한 뒤 고추기름을 두른다. 송송 썬 대파를 넣고 중약불에 볶아 파기름을 낸다.
5. 대파가 익기 시작하면 다진 양파를 넣고 중불에 볶는다.
6. 양파가 익기 시작하면 다진 느타리버섯을 넣고 볶는다.

7. 간장을 넣고 불을 중강불로 올려 볶는다.
8. 설탕을 넣고 센불에 한 번 더 볶는다. 이때 재료가 타지 않게 주의한다.
9. 1의 다시마 물에서 다시마를 건져 내고 물만 팬에 넣은 다음 두반장을 넣는다.
10. 물기를 뺀 연두부를 바로 넣고 중불에 끓인다.
11. 국물이 졸아들면 불을 끄고 참기름을 두른 뒤 산초 가루를 넣고 섞는다.
12. 전분 가루와 물을 섞어 전분 물을 만든 다음 팬에 넣고 잘 휘저어 완성한다.

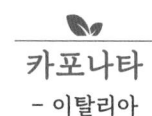

카포나타
- 이탈리아

　카포나타는 이탈리아 시칠리아 지방의 가지 요리로 가지, 토마토 소스, 허브, 잣, 케이퍼, 올리브가 주된 재료이다. 채소가 내는 은은한 맛과 토마토, 비네거가 내는 신맛이 조화롭다. 애피타이저로도 좋고, 잔뜩 만들어 둔 뒤에 파스타 면이나 빵과 같이 먹어도 맛있다. 가지를 사용한 프랑스 요리인 라따뚜이와 비슷하다고 여길 수도 있는데, 잣과 케이퍼가 더해져 라따뚜이보다 더 재밌는 맛이 난다. 물론 개인적인 의견이다. 프랑스 친구들에겐 말할 수 없는 비밀이다.

　어릴 때부터 가지는 내게 어려운 채소였다. 진한 보라색, 말캉한 식감, 분명하게 느껴지지 않는 맛에 흙 비린내 같은 게 느껴지기도 했다. 엄마는 어린 내게 계속 가지를 먹이려고 했다. 하루는 엄마가 정말 맛있고 좋은 고기를 샀다며 볶아서 반찬으로 내주었다. 젓가락으로 한가득 고기를 집어 입안에 넣자마자 가지의 향이 느껴졌다. 엄마는 가지를 잘게 다져서 교묘하게 섞었지만 바로 알 수 있었다. 가지를 애써 골라내도 고기에 가지의 향이 이미 깊게 배어들어 있었다. 그땐 고마운 줄도 모르고, 내가 싫어하는 걸 알면서 굳이 가지를 쓴 엄마에게 골을 냈다. 엄마도 마음이 상했는지, 맛없으면 먹지 말라는 듯 접시를 신경질적으로 가져가 버렸다.

　엄마는 그 뒤에도 간혹 가지를 요리했다. 가지를 아예 말려서 다시 불린 뒤 나물을 만들기도 했다. 쫄깃한 식감을 극대화한 엄마의 비법이었지만, 식탁 위에 올라온 가지를 볼 때마다 괜히 마음속에 조그만 화가 올라왔다. 지금 생각하면 애써 생각해서 준비한 걸 감사는커녕 먹지도 않고 인상을 쓰고 있는 딸이 마냥 사랑스럽진 않았을 거다. 엄마도 엄마대로 속상하고 서운했겠지. 그렇지만 어린 내 입장만을 대변해 보자면, 평소에 이것저것 다 잘 먹는 편이었던 내가 싫다고 하는 건 정말 싫은 거였다. 엄마는 그 마음을 알아주지 않았고 식탁에는 계속 가지가 올라왔다. 안 먹는 내가 잘못된 어린이라는 생각이 들었고, 그럴수록 화가 났다. 미숙한 감정이긴 했다.

독립해서 살면서 일을 하고 가사 노동을 하며 엄마의 고충을 더 생각하게 된다. 나는 나를 위한 요리나 하면 되고 내 빨래나 하면 되지만, 엄마는 밖에 나가는 아빠를 대신해 4인 가족의 집안일을 다 했다. 메뉴를 계획해서 밥도 세 끼나 만들고, 인터넷도 없던 시대에 장을 보고, 학교에서 나와 동생이 일찍 돌아오면 까칠한 두 어린이도 데리고 나가야 했다. 엄마에게는 내 속상한 마음뿐만 아니라, 본인의 속상한 마음을 돌볼 시간도 부족하지 않았을까?

어른이 되어서야 다시 가지를 먹기 시작했다. 중국식 가지 튀김이나 라따뚜이 같은 요리를 접하면서 가지를 잘 요리하면 부드러운 식감이 잘 살고 기분 좋은 단맛도 돈다는 것을 알게 되었다. 특히 가지는 뜨겁게 먹을수록 그 부드러운 식감이 도드라지는 것 같다. 한국식 가지나물은 그에 비하면 다소 쫄깃하거나 물컹한 느낌이 든다. 가지에 좀 더 익숙해진 지금은 그 매력을 알겠지만, 여전히 가지는 다른 나라의 요리법들이 종종 더 낫다는 생각을 한다.

나는 엄마에게 여전히 까칠하다. 그리고 한식의 가지 요리보단 다른 나라의 가지 요리가 좋다. 하지만 이제는 조금 컸으니까, 내가 직접 요리도 하니까, 엄마한테 이게 더 맛있다고 말만 하는 대신 맛있고 색다른 가지 카포나타를 한 번 만들어 드려야겠다.

레시피

재료

가지 1개, 양파 1/2개, 마늘 2알, 파프리카 1/2개, 셀러리 1대, 방울토마토 4알, 올리브 7-8알, 케이퍼 1큰술, 다진 바질 1큰술, 올리브유 적당량, 토마토 페이스트 3큰술, 발사믹 비네거 1큰술, 굵은소금 1꼬집(가지 절임용), 소금 1작은술, 후추 조금, 아가베 시럽 1큰술(옵션)

🍯 단맛이 싫다면 아가베 시럽은 생략해도 된다.

가니쉬 잣 1큰술, 파슬리 잎 조금

요리하기

1. 가지는 한입 크기로 자른 뒤 면포 위에 올리고 굵은소금을 뿌려 물기를 빼 둔다.
2. 양파, 마늘, 파프리카, 셀러리는 다지고 방울토마토는 3-4등분해 자른다.
   🍯 마늘은 편썰기를 먼저 한 뒤 다지면 훨씬 편하다.
3. 팬을 가열한 뒤 올리브유를 넉넉히 두르고 다진 마늘과 다진 양파를 넣어 약불에 볶는다.
4. 마늘과 양파가 익기 시작하면 물기를 뺀 가지를 넣고 튀기듯이 익힌다.
5. 가지가 익기 시작하면 다진 파프리카, 다진 셀러리, 자른 방울토마토, 토마토 페이스트를 넣고 볶는다.
6. 아가베 시럽을 넣는다.

7. 발사믹 비네거를 넣고 계속 볶아 준다.
8. 소금과 후추를 넣는다.
9. 다진 바질을 넣고 섞는다.
10. 올리브와 케이퍼를 넣고 마지막으로 약 5분 정도 볶는다. 필요하면 분량 외의 소금을 추가해 간을 맞춘다.
11. 잣과 파슬리 잎을 가니쉬로 올려 완성한다.

채소 우동
- 일본

각종 기성품 육수와 채수, 소스와 스톡이 넘쳐나는 세상이다. 그래도 나는 미묘한 쾌감 때문에 국물이 들어가는 요리를 할 때마다 직접 채수를 내는 편이다. 심지어 라면을 끓일 때도 그렇다. 기성품을 써서 국물을 내면 편리하긴 하지만, 자극적인 맛이 요리의 맛을 반감시키기도 한다. 요리는 배를 채우기 위해, 자극적인 맛을 내기 위해 하는 것만은 아니다. 적어도 내게는 그렇다.

채수를 내기 위해 채소를 손질하고, 채수가 잘 나올 때까지 기다리면서 내가 살고 싶은 삶을 생각해 본다. 빈 곳을 황급히 채우는 게 아니라 빈 곳을 응시할 여유가 있는 삶, 내가 원하는 것들로 천천히 차곡차곡 채워가는 삶이 떠오른다. 물론 우리의 삶이 늘 그런 여유를 허락하지는 않지만, 숨을 고르고 나를 위한 채수를 직접 내리다 보면 그렇게 살 수 있을 것 같다는 용기와 희망이 생기기도 한다.

억지로 깨달음과 여유를 쥐기 위해 채수를 내는 건 아니다. 직접 낸 채수는 맛도 있고 활용도도 높다. 찌개나 국뿐만 아니라 감칠맛이 필요한 어느 요리에나 쓸 수 있다.

채수에 보통 넣는 채소는 무, 대파, 양파, 마늘, 말린 버섯이나 일반 버섯이다. 특별히 신경 쓰는 국물 요리에는 당근도 넣는다. 급할 땐 말린 다시마나 버섯만을 쓰기도 한다. 귀찮긴 하지만 어려울 건 없다. 채수를 국물 요리에 쓰면 비린 맛 없이 개운하면서도 은은한 단맛과 깊은 맛이 요리에 더해진다. 채소 우동의 채수를 끓일 때도 적당량의 채소를 넣고 20분 정도 끓이기만 해도 충분하지만, 대파나 무를 구워서 넣으면 감칠맛과 미묘한 불맛을 더할 수 있다.

레시피

재료

우동 면 1인분, 배추 2장, 양송이버섯 1-2개, 냉동 유부 4-5조각(양념 안 된 것), 식용유 적당량, 간장 1.5큰술, 소금 조금, 후추 조금

채수 무 1조각(약 50g), 대파 1/3줄기, 당근 3-4조각(약 30g), 양파 1/3개, 마늘 2알, 표고버섯 1개, 물 350ml

고명 송송 썬 대파 조금(옵션)

요리하기

1. 팬을 가열한 뒤 식용유를 두르고 채수용 무와 대파를 올려 잘 굽는다. 겉면이 노릇노릇하게 잘 익으면 꺼내서 기름기를 살짝 닦아 낸다.

🔥 토치가 있다면 사용해서 겉면을 익혀도 좋다.

2. 냄비에 1의 구운 무와 대파를 넣고, 나머지 채수 재료는 모두 먹기 좋은 크기로 잘라 물과 함께 넣은 다음 중약불에 끓인다. 물이 끓어오르면 불을 약불로 줄인다.
3. 약 20분 정도가 지나면 불을 더 약하게 줄인 뒤 간장과 소금을 넣어 간을 맞춘다.
4. 배추는 길게 자르고 양송이버섯은 한입 크기로 잘라 냄비에 넣고 익힌다. 불을 조금 더 세게 올린 다음 유부와 후추를 넣고 계속 끓인다.
5. 4를 끓이는 동안 다른 냄비에 물을 끓여 우동 면을 약 2분 삶은 다음 건져 물기를 빼고 그릇에 담는다.
6. 그릇에 우동 국물과 채소를 보기 좋게 담고 고명으로 송송 썬 대파를 올려 완성한다.

PART3

계절과 상상력을 더한
계절 요리 레시피

두릅 된장 파스타
- 봄

    오래전 부모님은 열심히 모은 돈으로 강원도 산간 지역에 작은 땅을 샀다. 노후를 생각한 건지 뭔지, 제대로 물어본 적은 없지만 어쨌든 그곳은 밭으로 쓰이고 있다. 하나의 작물만 기르는 게 아니다. 콩, 땅콩, 바질, 고수, 루꼴라, 비트, 더덕, 블루베리에 매실나무와 두릅나무까지 별걸 다 기른다.

    이젠 고양이도 한 마리 산다. 겨울이 오기 전, 동네 산에 사는 어미 고양이가 태어난 지 얼마 안 된 새끼를 두고 갔다는 게 엄마와 아빠의 설명이었다. 아무래도 살기가 척박하고 적이 많으니 너희가 거둬달라는 게 아니겠냐던 아빠는 이제 고양이 장난감까지 사는 어엿한 집사가 되었다. 원래 휴일에나 밭에 가던 아빠는 어쩌다 보니 일주일의 대부분을 그곳에서 보내고 있다. 다행히 어찌저찌 잘 자라는 작물들과 애교 많은 고양이가 신기하고 또 기특한지, 엄마가 열심히 찍어서 보내는 사진 속 아빠는 항상 활짝 웃고 있다.

    작황은 매년, 매 계절 다르다. 무언가를, 누군가를 키운다는 건 그럴 수밖에 없는 일이다. 정성을 쏟아부어도 자식이 항상 잘 자라거나 문제를 안 일으키진 않는다. 부모님은 그 사실을 조금 일찍 깨달은 것 같다. 갑자기 요리라는 힘들고 수상한 길을 가는 딸을 두 사람은 한 번도 나무라지 않았다. 대신 내가 좋아하고 자주 찾는 채소나 허브를 많이 기른다.

    고등학교 때, 한 번은 친구가 도시락 반찬으로 데친 두릅과 초장을 챙겨왔다. 그게 배고픈 고등학생에게는 수상할 정도로 맛있었고, 집에 가서 나는 두릅 좀 해달라고 졸랐다. 그 이후로 엄마와 아빠에게 두릅은 우리도 좋아하지만 딸이 더 좋아하는 것, 딸에게 꼭 주면 좋은 것이 되었다. 딱 한 번 조른 게 전부인데 말이다.

    그렇게 아빠는 내가 좋아하는 두릅을 밭에도 심었다. 수확을 하면 언제나 받는 양이 많아 그것들을 전부 활용할 방법을 찾는 게 쉽진 않지만, 레시피를 창작의 과정처럼 생각하는 나에게는 고마운 일이긴 하다. 그래서 봄이 되면 두릅을 안 먹고 지나칠 수가 없다.

나도 가끔은 무언가를, 누군가를 키우는 일이 어떤 기분일지 궁금해진다. 하지만 이내 생각을 접는다. 내가 기르는 무언가든 누군가든, 그게 내 뜻대로 자라지 않았을 때 우리 엄마나 아빠처럼 어느 정도 초연해질 자신이 없기 때문이다.

받은 두릅은 그래도 꼭 잘 챙겨 먹는다. 부모님의 마음이 편안한 길로는 살아갈 수 없는 사람이 되어버린 것 같지만, 한가득 두릅을 받고 나면 내가 과분한 사랑을 받고 있다는 걸 느끼기 때문이다. 이 사랑을 일단 잘 받아 먹고, 가끔 엄마와 아빠가 하는 말처럼 나대로 행복하게 살려고 애써야겠다.

두릅은 데쳐 먹는 게 일반적인 조리법이다. 데쳐서 먹으면 두릅의 향을 살리면서도 마치 아스파라거스 같은 아삭한 식감을 잘 살릴 수 있다. 데쳐서도 먹고 엄마의 방법을 따라 간장 피클도 만들어 보았다. 많은 양의 두릅은 과분한 사랑처럼 여전히 남아 있었고, 나는 다른 조리 방법을 생각했다.

아스파라거스를 볶거나 구워 먹는 것처럼 두릅도 볶아 보기로 했다. 향이 사라질까 걱정했는데 두릅은 정체성이 강한 재료였다. 데쳐 먹는 식감과는 조금 달랐지만 향은 잘 살아 있었다. 구운 두릅을 소금에 찍어 먹기만 해도 맛있지만, 무언가 아쉬워 파스타 면을 넣기 시작했다. 한식 재료에 파스타 면을 넣을 때마다 이탈리아 사람들에게 죄를 짓는 것 같기도 하지만, 파스타 면이 두릅 같은 몇몇 한식 재료에 잘 어울리는 걸 어쩌겠는가.

레시피

재료
스파게티 면 1인분, 편 썬 마늘 7알, 송송 썬 대파 1줄기, 느타리버섯 30g, 두릅 40g, 올리브유 적당량, 된장 1큰술, 소금 1큰술(면수용), 후추 조금

가니쉬 채 썬 케일(다른 잎채소로 대체 가능) 조금, 다진 홍고추 조금, 캐슈넛 1-2개

요리하기

1. 팬을 가열한 뒤 올리브유를 넉넉히 두른다. 편 썬 마늘과 송송 썬 대파를 넣고 향이 올라올 때까지 중약불에 볶는다.

2. 팬에 느타리버섯을 적당한 크기로 떼어서 넣고, 두릅은 줄기 밑부분을 송송 썰어 넣고 나머지 부분은 그대로 넣어 볶는다. 이때 다른 냄비에 면수용 소금을 1큰술 넣고 물을 끓여 스파게티 면을 삶을 준비를 한다.

3. 물이 끓으면 스파게티 면을 약 8-10분 정도 삶는다.

4. 팬에 면수를 1국자 정도 넣고 볶다가, 스파게티 면이 다 삶아지기 전에 팬에 된장을 넣고 빠르게 섞으며 재료를 익힌다.

💧 재료를 볶을 때 면수를 넣으면 면수의 전분이 재료가 잘 섞이도록 돕는다.

5. 다 삶은 스파게티 면의 물기를 뺀 뒤 팬에 넣고 한두 번 섞는다. 불을 끄고 후추와 분량 외의 소금으로 간을 맞춘다.

6. 접시에 파스타를 담고 가니쉬로 채 썬 케일, 다진 홍고추를 올린 다음 강판이나 그레이터로 캐슈넛을 갈아 넣어 완성한다.

부추 버섯 세비체
- 봄

부추가 제철인 봄이 오면 부추를 생으로 먹을 수 있는 레시피를 생각하는 편이다. 먹으면 알싸한 향이 퍼지며 은근히 단맛도 나는 제철 부추는 허브처럼 요리의 향을 더하는 역할을 해준다.

부추로 만들 만한 요리를 고민하다가 세비체가 떠올랐다. 세비체는 라틴 아메리카에서 주로 먹는 요리로, 날생선이나 조개류 등을 이용해 차갑게 만든 샐러드 같은 느낌이다. 식전에 내놓는 요리로도, 와인이나 청주의 안주로도 좋다. 식초나 라임즙이 내는 산미가 입맛을 살려준다.

얼마 전, 난생처음으로 〈니모를 찾아서〉라는 꽤 오래된 애니메이션을 봤다. 인간의 취미를 위해 수족관에 갇히게 된 니모와 니모를 찾아 떠나는 그의 아버지의 여정을 다룬 이야기였다. 영화는 바다에 사는 동물의 삶을 다시금 생각하게 했다. 실제로 바다 동물이 부모나 자식을 그리워하는지는 모르겠지만, 적어도 그들의 몸은 넓은 바다에서 태어나 살아가도록 되어 있다.

현대의 어업은 가장 효율적인 방법을 찾아, 대량으로 바다 동물을 잡는다. 어류를 포획하는 과정에서 목표한 어종 외의 생물까지 잡히는 부수어획 현상 때문에 인간이 소비하는 동물이 아닌 거북이나 해마 같은 종도 잡혀서 죽거나 다친다. '맛'으로만 정당화할 수 있는 현상이 아니다. 그러니 가끔은 생선 요리를 땅에서 나는 식물 재료로 대체해 만들어 보는 것도 의미가 있다.

버섯은 데치면 식감이 생선같이 쫄깃하다. 게다가 요즘은 버섯 가격이 오르긴 했어도, 트러플이나 자연산 송이가 아닌 이상 여전히 해산물보다 저렴하다. 물론 비싸고 좋은 송이버섯이라면 부추 버섯 세비체에 잘 어울리는 최고의 재료겠지만, 신선한 표고버섯이나 새송이버섯, 만가닥 버섯으로도 맛은 충분히 좋다. 다양한 다른 재료들을 사용할 수도 있지만 올리브유, 식초나 라임즙, 버섯, 양파, 부추, 파프리카 정도만 준비해도 된다. 양파는 매운맛이 덜하고 색감이 예쁜 적양파를 쓰면 더 좋다.

레시피

재료
적양파 1/5개, 파프리카 20g, 부추 10g, 만가닥 버섯 20g

드레싱 라임 1/2개 분량 즙(또는 라임즙 15ml), 마늘 1알, 청양고추 1/2개, 올리브유 3큰술, 소금 1.5작은술, 백후추 조금, 라임 제스트 조금

요리하기
1. 드레싱용 라임은 베이킹 소다를 섞은 물에 담갔다가 수세미로 깨끗이 표면을 씻은 뒤 반으로 잘라 준비한다. 적양파, 파프리카, 만가닥 버섯, 부추는 원하는 모양으로 자른다. 드레싱용 마늘과 청양고추는 다진다.
2. 1의 다진 마늘과 다진 청양고추를 포함한 드레싱 재료를 모두 그릇에 넣고 섞는다. 라임은 즙을 짜서 넣고 강판이나 그레이터로 겉면을 갈아 라임 제스트를 조금 넣는다.
3. 자른 적양파, 파프리카, 만가닥 버섯을 드레싱과 잘 섞은 뒤 냉장고에 약 15분 정도 넣어 둔다.
   🌶 부추의 알싸한 맛과 숨을 죽이고자 하면 이때 부추를 같이 섞어 넣어도 된다.
4. 자른 부추와 3을 접시에 원하는 모양으로 올려 플레이팅한 뒤 분량 외의 라임 제스트를 조금 뿌려 완성한다.

토마토 푸주 볶음
- 여름

한국에서 제대로 자취를 시작한 건 대학교 3학년 때였다. 연희동의 작은 복층 오피스텔에서 지금 생각하면 조금은 황당한 월세와 관리비를 내고 지냈다. 10년도 훨씬 더 전이었는데, 매달 거의 80만 원의 돈이 나갔다. 그래도 아직 이십대 초반이었던 그때의 나는 내 공간이 생긴 게 꿈만 같았다. 친구들을 마음껏 부를 수 있는 것도 좋았지만 무엇보다 내가 나가고 들어오는 때를, 목적지를, 뭘 하는지를 누군가 알지 못한다는 일종의 자유가 좋았다.

그런데 생각하지 못했던 문제가 있었다. 다달이 들어가는 비용이야 예상했으니 뼈아프지만 어쩔 수 없다고 여겼는데, 먹는 게 문제였다. 부끄러운 이야기지만 이십대 초반이 되어서야 밥 짓는 법을 배웠다. 할 줄 아는 요리도 딱히 없었고 치우는 것도 일이었다.

뭘 해 먹을지 고민하다가 중국 식당에서 안주로 먹었던 토마토 달걀 볶음이 떠올랐다. 친구들은 입에 착 감기는 감칠맛이 있다며 밥을 시켰다. 마침 집에 대파와 달걀, 토마토가 있어 인터넷으로 레시피를 찾아 따라해 봤는데 그럴듯한 맛이 났다. 강한 화력이나 웍이 있었다면 더 환상적이었겠지만, 자주 해 먹을 수 있는 하나의 요리를 찾았다는 사실이 꽤나 만족스러웠다.

나중에 비건 생활을 충실히 할 때, 다른 동물성 요리는 의외로 크게 당기지 않았지만 토마토 달걀 볶음은 종종 생각이 났다. 비건 옵션으로 마라탕을 파는 식당에서 밥을 먹으면서 친구와 그 이야기를 나눴다. 그때 내 입안에는 푹 익은 부드러운 푸주가 들어 있었는데, 식감이 달걀을 풀어서 볶은 식감과 유사한 데가 있었다. 달걀 대신 푸주를 써 봐도 될 것 같았다. 굳이 동물성 재료를 대체하지 않고 채소만으로도 맛있는 음식을 만들 수 있지만, 대체할 만한 재료를 찾았는데 안 쓸 이유도 없었다. 게다가 토마토 달걀 볶음은 한국에서 어른으로 처음 자립한 내게 한동안의 주식이었다. 나름대로 큰 의미가 있었다. 그렇게 토마토 푸주 볶음이 탄생했다.

레시피

재료

푸주 50g, 대파 1줄기, 토마토 1개, 다진 마늘 0.5큰술, 식용유 적당량, 물 100ml, 올리고당 0.5큰술, 참기름 1큰술, 블랙솔트 0.3작은술, 후추 조금, 통깨 조금

💧 일반 소금을 써도 되지만, 특유의 달걀 향이 있는 블랙솔트를 쓰면 달걀의 맛을 재현하기 쉽다.

전분 물 전분 가루 1큰술, 물 2큰술

요리하기

1. 푸주를 분량 외의 물에 넣고 1시간 이상 불린다.
2. 대파는 절반은 송송 썰고, 나머지는 잘게 다진다. 토마토는 웻지 모양으로 8-10등분해 자른다.
3. 팬을 가열한 뒤 식용유를 두르고 송송 썬 대파를 넣는다. 중약불에 볶아 파기름을 낸다.
4. 대파가 익기 시작하면 다진 마늘을 넣고 마늘 향이 올라오도록 볶는다.
5. 마늘 향이 올라오면 토마토를 넣고 중불에 볶는다.
6. 불린 푸주, 올리고당, 블랙솔트를 넣고 볶는다.

7. 토마토가 충분히 익으면 참기름과 후추를 뿌리고 조금 더 볶는다.

8. 잘게 다진 대파를 넣고 알싸한 대파 향이 나도록 볶는다.

9. 물을 넣고 끓인다.

10. 물이 끓으면 불을 끈다. 전분 가루와 물을 섞어 전분 물을 만든 다음 전분 물과 통깨를 팬에 넣고 섞어 완성한다.

토마토 고추장 리소토
- 여름

외할머니네 놀러 가는 날은 늘 흰쌀밥을 먹게 되었다. 우리 집에서는 잡곡밥이나 콩밥을 자주 먹었고, 콩밥은 싫었어도 잡곡밥은 좋았던 나는 흰쌀밥이 항상 어색했다. 흰쌀밥은 잡곡밥보다 좀 더 달고 부드러웠지만, 씹는 맛이 좀 덜했다. 여기저기서 듣고 배워 흰쌀밥이 한국 어른들에게 어떤 의미인지는 알았다. 가난하고 배고프던 시절에는 흰쌀밥이 귀했고 밥에 흰쌀을 섞기는커녕 보리만으로 연명해야 하는 날들도 많았다고 했다. 일제 강점기에 한반도의 쌀 생산량은 늘었지만 수탈로 인해 조선인들은 그 혜택을 받기는커녕 더욱 굶주려야 했다. 이런 사실은 교과서에서 처음 접한 뒤 잊지 않았지만, 그 사실이 일제 강점기를 견뎌내야 했던 개개인에게 무슨 의미였을지 깊이 곱씹어 보지는 않았다.

어느 날 한 친구가 드라마 〈파친코〉를 강력하게 추천했다. 일제 강점기를 지나며 일본으로 이주한 조선인들과 그 후손의 이야기라는 건 알고 있었다. 원작 소설이 한국에 출간되어 잠깐 유명세를 탔을 때 어떤 이야기를 다루는지 찾아본 적이 있었기 때문이다. 대략 무슨 일이 일어나는지 알았고, 내용을 짐작할 수 있을 듯해서 소설은 읽지 않았지만 믿을 만한 친구가 추천을 하니 내용을 알 것 같아도 드라마를 보기로 했다.

어떤 사실을 논리적으로 이해하는 것과 그 사실이 무슨 의미를 지니는지, 그 사실에 연관된 개인의 삶에 어떻게 영향을 미치는지를 이해하는 것은 다른 일이었다. 드라마 〈파친코〉의 몇몇 에피소드에서 흰쌀밥은 중요한 소재다. 일제강점기에 흰쌀밥을 먹기 힘들었다는 사실을 나는 이미 알았다. 하지만 드라마를 보면서야 비로소 식량 수탈을 겪으며 그 시대를 살았던 사람들에게 흰쌀밥이 어떤 의미였을지 마음으로 이해할 수 있었다. 수난을 견디게 했던 힘이자, 서로를 위로해 주던 선물 같은 존재. 나의 외할머니 생각이 많이 났다. 왜 그렇게 흰쌀밥을 내놓으실까 하는 의문도 사라졌다.

흰쌀밥은 나보다 외할머니가 더 잘 지으시니, 기억을 더듬어 외할머니가 좋아하실 만한 다른 쌀 요리를 생각해 보았다. 몇 년 전, 좋은 술친구 한 명이 고기와 유제품을 끊었던 나를 자기가 좋아하는 술집에 데려갔다. 사장님께 고기 못 먹는 친구를 위한 안주 하나를 부탁해 놨다고 했다. 사장님은 빨간 리소토 하나를 내어주셨다. 고민하시다가 만든 리소토는 고추장과 토마토 베이스라고 알려주셨다. 매콤한 감칠맛이 좋았다. 외할머니를 위한 쌀 요리는 그렇게 결정되었다.

외할아버지가 작년에 돌아가시고, 외할머니의 몸도 안 좋아졌다. 병원에 자주 가시고 입원을 하시는 일이 많았다. 그래서 아직 이 요리를 해드리지 못했다. 살면서 외할머니가 해주신 흰쌀밥을 먹을 일은 참 많았다. 그 많은 밥을 한 번의 대접으로 만회할 수는 없지만, 빨리 만들어 드릴 수 있길 바랄 뿐이다.

이 토마토 고추장 리소토는 고추장이 들어가 익숙한 감칠맛과 매운맛이 나지만, 올리브유에 다진 양파, 당근, 셀러리를 천천히 볶아 소프리토를 준비하고 토마토 퓌레를 사용하며 이탈리아식 조리법을 따랐다. 의심스러운 퓨전이 아니라 의미 있는 퓨전을 만들겠다는 생각으로. 그러니 귀찮아도 소프리토는 정성껏 준비해야 이 요리의 맛을 잘 살릴 수 있다.

레시피

재료
현미 또는 백미 60g, 방울토마토 3개

소프리토 다진 양파 1/4개, 다진 당근 30g, 다진 셀러리 15g, 다진 마늘 1작은술, 올리브유 적당량

소스 쌀뜨물 400ml, 토마토 퓌레 3큰술, 고추장 1큰술, 발사믹 비네거 0.5큰술

가니쉬 채 썬 양파 1/4개, 표고버섯 3개, 편 썬 마늘 3알, 루꼴라 또는 깻잎 조금, 올리브유 적당량, 소금 조금, 후추 조금

💧 쌀뜨물은 쌀을 불리기 전에 처음 두 번 씻은 물은 버리고, 세 번째에 살살 씻은 물을 분량만큼 모아 냉장 보관해 미리 준비해 둔다.

요리하기

1. 현미를 물에 넣고 최소 6시간 이상 불린다.

💧 백미를 사용할 경우 약 1-3시간 정도 불린다.

2. 쌀이 충분히 불면 쌀뜨물에 토마토 퓌레, 고추장, 발사믹 비네거를 넣고 섞어 소스를 만든다.

3. 가니쉬를 먼저 준비한다. 팬을 가열한 뒤 올리브유를 두르고 채 썬 양파를 넣어 중약불에 볶는다.

4. 양파가 캐러맬라이즈되기 시작하면 표고버섯을 한입 크기로 잘라 넣고 편 썬 마늘, 소금, 후추를 넣어 볶는다. 재료가 잘 익으면 팬에서 꺼내 따로 둔다.

5. 같은 팬에 소프리토를 준비한다. 팬을 한 번 닦아 낸 뒤 다시 가열하고 올리브유를 두른다. 그 위에 다진 양파, 다진 당근, 다진 셀러리, 다진 마늘을 넣고 약불에 서서히 볶는다. 채소가 고르게 익고 향이 올라올 때까지 볶는다.

6. 소프리토가 다 익으면 불린 쌀의 물기를 빼서 팬에 넣은 다음, 쌀이 잠길 때까지 소스를 붓고 방울토마토를 넣어 중불에 볶는다.

7. 소스가 졸아들면 중간중간 소스를 추가로 부어주면서 쌀이 잘 익을 때까지 약 20분 정도 볶는다. 불이나 조리 상황에 따라 쌀이 익는 시간이 다르므로 어느 정도 익었을 때 맛을 보며 확인한다.

8. 쌀이 원하는 만큼 익었으면 불을 끄고 올리브유를 조금 넣는다. 손목의 스냅으로 내용물을 섞거나 주걱으로 강하고 빠르게 휘저어 유화 과정을 거친다. 간을 보고 필요하면 소금과 후추를 추가해 간을 맞춘다.

💧 이 유화 과정은 이탈리아어로 '만테까레'라고 하며, 쌀의 전분과 소스, 기름이 잘 섞이도록 한다.

9. 리소토를 접시에 올린 뒤 4의 볶은 양파, 표고버섯, 마늘과 생 루꼴라를 가니쉬로 올려 완성한다.

토마토 된장 콩 수프
- 여름

어렸을 땐 콩이 영 별로였다. 우리 집에서 콩을 먹는 방식은 주로 밥에 잔뜩 넣거나, 콩자반을 만들거나, 여름이 되면 콩국수를 해 먹는 거였다. 지금은 셋 다 좋아하지만, 어릴 때는 셋 다 한 번도 당긴 적이 없었다.

그보다 더 다양한 콩 요리 방식이 있다는 걸 나중에 다른 문화의 콩 요리를 접하면서 배웠다. 통조림 콩으로 사이드 디쉬를 만들 수도 있고, 소스를 만들거나 샐러드를 만들 때도 쓸 수 있다. 새롭게 알게 된 콩의 종류도 많아서 이제는 좋아하는 콩을 단 하나만 고르기가 어렵다. 요리에는 완두콩, 렌틸콩, 버터빈을 많이 쓴다. 팔라펠이나 후무스를 만들 때 쓰는 병아리콩도 좋고, 밥에 넣어 먹는 약콩도 좋다. 콩을 싫어했던 과거의 내가 지금의 나를 본다면 어이없다는 표정을 지을 것이다. 내 입맛이 성장한 것인지 변화한 것인지, 둘 다인지는 모를 일이다. 아무튼 그 덕분에 나는 더 많은 걸 즐기고, 더 많은 시도를 해볼 수 있게 되었다.

다른 문화의 콩 요리 중에서 항상 궁금했던 건 콩 수프였다. 뭉근하게 끓여낸 수프 국물에 약간의 건더기, 그리고 부드러워 보이는 콩이 잔뜩 담긴 수프는 무슨 매력이 있길래 서양인들의 식탁에서 종종 보이는 걸까, 생각했다.

레시피를 찾아보니 치킨 스톡을 쓰는 경우가 잦았다. 치킨 스톡 대신 감칠맛을 낼 수 있는 재료가 무엇이 있을지 고민했다. 답은 역시 토마토, 그리고 한국의 장이었다. 이상하지 않을까 조금 걱정이 들긴 했지만, 안 해보면 모르니까 일단 만들어 봤다. 그리고 안 해봤으면 후회했을 맛을 만났다.

레시피

재료
버터빈(통조림) 70g, 양파 1/2개, 마늘 2알, 당근 15g, 배추 1장, 감자 1개, 표고버섯 1개, 토마토 1/2개, 올리브유 적당량, 된장 1큰술, 물 400ml

가니쉬 대파 조금

요리하기

1. 버터빈은 체에 받쳐 물기를 뺀다.
2. 양파는 채 썰고, 마늘은 편 썰고, 가니쉬용 대파는 송송 썬다. 당근, 배추, 감자, 표고버섯은 먹기 좋은 크기로 자른다. 토마토는 절반으로 자른 것을 그대로 쓴다.
3. 냄비를 가열한 뒤 올리브유를 두른다. 채 썬 양파를 넣고 중약불에 볶는다.
4. 양파가 익기 시작하면 편 썬 마늘을 넣고 볶는다.
5. 마늘이 익으면 물과 된장을 넣는다.
6. 된장이 풀어지면 자른 감자와 당근을 넣고, 반으로 자른 토마토는 통째로 넣은 다음 중불에 약 5분 정도 끓인다.

7. 자른 표고버섯을 넣는다.

8. 자른 배추와 물기를 뺀 버터빈을 넣는다.

9. 수프가 끓어오르고 감자가 충분히 익으면 불을 끈다. 간을 보고 필요하면 분량 외의 된장, 소금, 후추를 추가해 간을 맞춘다.

10. 수프를 접시에 담고 송송 썬 대파를 가니쉬로 올려 완성한다. 완성된 수프에 면이나 밥을 곁들여도 잘 어울린다.

토마토 메밀국수
- 여름

내가 토마토를 요리나 식단에 거의 집착하는 수준으로 자주 쓴다는 걸 인정한다. 하지만 토마토만 한 재료는 드물다. 산미와 함께 은은한 단맛이 있어 요리에 신선한 느낌을 더해 주며, 감칠맛을 내는 성분이 들어 있어 천연 MSG 역할도 한다. 건강에도 좋다고 하고, 빨리 상하지도 않는다. 그러니 어쩔 수 없이 일주일치 장을 볼 때 토마토는 꼭 사야 마음이 편하다.

토마토로 할 수 있는 색다른 요리 중 하나는 토마토 메밀국수다. 적은 재료로 만들 수 있는 여름 별미이기도 하고 손님을 초대했을 때 내놓아도 손색이 없다. 잘 익은 토마토를 냉장고에 하루 정도 넣어 두고 차갑게 한 뒤 만들어 먹으면 더욱 맛있다.

여기서는 기본적인 레시피를 소개했지만, 고춧가루나 본인이 원하는 다른 재료를 더 추가해 응용해 봐도 좋을 것이다. 소스를 만들 때 올리브유를 참기름으로 바꿔도 잘 어울리고, 토마토를 오븐에 익힌 뒤 사용해도 맛있다.

레시피

재료

메밀국수 1인분

소스 채 썬 양파 40g, 편 썬 마늘 1알, 완숙 토마토 1개, 잣 5g, 올리브유 1큰술, 올리고당 1큰술, 소금 1작은술, 후추 조금, 건 오레가노 조금

가니쉬 오이 조금, 잣 조금, 올리브유 조금

요리하기

1. 팬이나 냄비를 가열한 뒤 올리브유를 두른다. 채 썬 양파와 편 썬 마늘을 넣고 중약불에 볶은 다음 적당히 익으면 불을 끄고 한 김 식힌다.
2. 믹서기나 블렌더에 토마토를 큼직하게 썰어 넣고, 1을 포함한 소스 재료를 모두 넣은 다음 곱게 간다.
3. 다 만들어진 소스는 메밀국수를 준비하는 동안 냉장고에 넣어 둔다.
4. 끓는 물에 메밀국수를 넣고 약 6분 정도 삶는다.
5. 삶은 메밀국수를 건져 차가워질 때까지 찬물에 씻은 다음 체에 받쳐 물기를 뺀다.
6. 접시나 면기에 차갑게 둔 소스를 담고 물기를 뺀 메밀국수도 담는다. 가니쉬로 오이, 잣, 올리브유를 올려 완성한다.

피넛버터 소바
- 여름

빵을 좋아하는 엄마는 늘 식빵과 잼, 피넛버터를 집에 뒀다. 고소한 식사용 샌드위치를 만들 때도 식빵에 잼이나 피넛버터를 살짝 발라서 만들었다. 빵이랑 먹는 것, 내 머릿속에 그렇게 자리 잡았던 피넛버터를 처음 재발견한 건 영국에서 겨울을 나면서였다.

영국의 겨울은 한국의 겨울보다 기온은 높지만, 보일러가 잘 갖춰진 한국과 다르게 많은 집이 히터나 라디에이터에 의존해 집을 데운다. 게다가 바람이 쉼 없이 불고, 해는 한국보다 빨리 지고 늦게 뜬다. 그런 영국의 겨울을 지나며 기름진 음식을 많이 먹던 나는 살이 확 쪘다. 나의 콜롬비아인 친구는 나보다도 더 살이 쪘다. 가슴도 엉덩이도 훨씬 커졌다며 농담을 하다가도 친구는 우울해했다. 그 말을 들은 나는 두 배로 우울했다. 동양인인 나는 살이 쪄도 가슴이나 엉덩이가 엄청 커지지는 않았기 때문이다.

해가 일찍 진 어느 날, 친구네 집에서 잡담을 하고 놀다가 친구가 갑자기 큰 피넛버터 통과 숟가락 두 개를 가져왔다. 그리고 다시 부엌으로 달려가더니 바닐라 아이스크림도 한 통 가져왔다. 그리고 피넛버터를 크게 한 숟가락 떠서 아이스크림 위에 얹었다. 친구는 빨리 한 숟가락 떠먹으라며 재촉했다. 내가 머뭇거리자, 자기 미모의 비결이라고 말했다. 그 말을 믿을 정도로 순진하진 않았지만 익숙하지 않았던 영국의 겨울은 기름지고 자극적인 음식을 당기게 했고, 우리는 거의 꽉 차 있던 아이스크림을 반 통 넘게 비웠다.

친구는 거기서 멈추지 않고 다크 초콜릿도 가져왔다. 아이스크림을 먹던 숟가락으로 다시 피넛버터를 크게 뜨고 그 위에 다크 초콜릿을 올려 먹었다. 내가 얼굴을 찌푸리자 친구가 한국 공주님은 새 숟가락을 가져다 줘야 하는 거냐고 놀렸다. 내 피넛버터도 아니니 사실 상관은 없었다. 친구보다는 적게 피넛버터를 한 술 뜨고 다크 초콜릿을 조금 올려 먹었다. 맛있었다. 그날 우리는 밖에 나가지도 앉았지만 내내 들떠 있었다.

　그 뒤로 한국에 돌아와 혼자 살면서 피넛버터는 꼭 한 통씩 사뒀다. 먹을 게 없거나 스트레스 받을 때, 다이어트 한다고 적게 먹어서 배고픈 저녁 시간에 한 숟가락씩 떠먹었다. 물론 친구처럼 먹던 숟가락으로 계속 먹은 건 아니고, 두 번 떠먹게 되면 숟가락은 바꿨다. 공주님은 전혀 아니지만 피넛버터가 금방 상하는 건 싫었다.

　피넛버터는 기본적으로 땅콩 자체의 단맛이 있어 처음에는 식사가 될 만한 요리에 쓸 생각은 못했다. 그런데 채식에 관심이 생기면, 이용할 수 있는 소스란 소스는 다 이용해 보게 된다. 채소의 질만큼 소스도 음식의 맛을 내는 데 중요한 역할을 하기 때문이다. 그렇게 피넛버터는 어린 시절의 기억으로 굳어진 '빵과 먹는 것'이라는 역할에서 벗어나 지금은 내 식탁에서 더 많은 일을 하고 있다.

　여름이 되면 시원한 면 요리나 샐러드가 당긴다. 그럴 때 어느 집에나 있을 법한 재료로 만들 수 있는 조금 특별한 요리가 바로 피넛버터 소바다. 탄탄멘의 좀 더 가벼운 버전이라고도 볼 수 있다. 피넛버터의 은은한 단맛, 고소함과 묵직함, 기름기, 크리미한 식감이 채소와 면을 한데 묶어줘서 맛도 좋고 배도 기분 좋게 채워 준다. 채소 외에도 삶은 콩이나 두부, 낫또 등을 고명으로 더하면 단백질까지 충분히 섭취할 수 있다. 토마토와 오이가 맛있는 여름이니 그 두 가지 채소는 꼭 넣어야 맛있다.

레시피

재료

메밀국수(소면으로 대체 가능) 1인분, 낫또 50g, 청상추 2-3장, 고수 5g, 토마토 1/4개, 오이 1/5개, 당근 20g, 구운 적양파 또는 생 적양파 20g, 다진 쪽파 또는 대파 1큰술, 고추기름 조금(옵션)

소스 피넛버터 2.5큰술, 간장 2큰술, 아가베 시럽 또는 올리고당 1큰술, 참기름 0.5큰술, 다진 마늘 1작은술

요리하기

1. 그릇에 소스 재료를 모두 넣고 잘 섞는다.
2. 채소와 낫또를 준비한다. 청상추, 고수, 토마토, 오이, 당근, 적양파는 모두 먹기 좋은 크기로 자르고, 다진 쪽파 또는 대파 1큰술을 준비한다.

💧 토마토와 오이, 고수는 꼭 들어가야 맛있다.

3. 끓는 물에 메밀국수를 넣고 약 6분 정도 삶는다.
4. 삶은 메밀국수를 건져 차가워질 때까지 찬물에 씻은 다음 체에 밭쳐 물기를 뺀다.
5. 그릇에 메밀국수와 채소, 낫또, 소스를 잘 담아 완성한다. 기호에 따라 고추기름을 추가해 먹는다.

마카로니 탄탄멘
- 가을

입맛이 까다롭던 나의 한 친구는 칭찬도 쉽게 하지 않았다. 그 친구가 본국으로 돌아가야 하는 날이 가까워졌을 때 내게 건넨 말은 다정한 우정의 격려나 인사가 아니었다. 친구는 내가 만든 탄탄멘 레시피를 물었다. 자주 생각날 것 같다고 했는데, 그게 탄탄멘 이야기인지 내 이야기인지 분명하게 말해주진 않았다. 조금은 서운하면서도 기분이 좋았다. 누군가에게 맛있는 음식을 만드는 친구로 기억되었다는 거니까.

탄탄멘, 혹은 탄탄면은 원래 중국 요리지만 일본식으로도 쉽게 접할 수 있다. 기본적으로 즈마장 같은 참깨 소스와 고추기름이 들어가는 요리인데, 고추기름의 적당한 매운맛과 참깨가 주는 묵직하고 풍부한 맛이 좋다. 중국식은 비빔국수 느낌이라면 일본식은 국물이 좀 더 자작한 편이다. 둘 중 뭘 더 좋아하냐고 묻는다면 답할 수가 없다. 둘 다 좋다. 국물이 있다면 떠먹으며 속이 든든해지고 풀리는 느낌이 있고, 없다면 비빔국수처럼 가볍게 먹을 수 있다. 이 레시피는 국물이 넉넉해 쌀쌀한 날씨에 잘 어울린다.

마카로니를 쓴 이유는 여러 가지인데, 일단 먹기가 편하기 때문이다. 처음 만들 때 술과 페어링을 하느라 편리하게 떠먹을 수 있도록 마카로니를 썼다. 또 일반 면보다는 덜 붇는 편이라 약간 남아도 냉장 보관했다가 다음날 먹기 좋다. 긴 면이 좋다면 마카로니 대신 계란을 넣지 않은 생 라멘용 면, 중화 면, 칼국수 면, 우동 면을 사용해도 괜찮다.

레시피

재료
마카로니(원하는 종류의 면으로 대체 가능) 1인분, 고추기름 조금(옵션)

채수 대파 1/3줄기, 마늘 2알, 마른 다시마 1조각, 식용유 조금, 물 400ml

소스 타히니 3큰술, 피넛버터 1큰술, 간장 3큰술, 식초 1작은술, 참기름 1작은술, 고추기름 3.5큰술, 다진 마늘 1작은술, 설탕 1작은술, 후추 조금

고명 표고버섯 1개, 팽이버섯 15g, 스위트콘 1큰술, 고수 조금, 대파 조금, 두부 버섯 크럼블(구운 두부로 대체 가능), 식용유 조금

요리하기

1. 팬을 가열한 뒤 식용유를 두르고 채수용 대파와 마늘을 넣어 잘 익을 때까지 중불에 굽는다.
2. 대파와 마늘이 잘 구워지면 냄비에 넣고 마른 다시마와 물을 넣은 다음 중불에 약 15분 정도 끓인다.
3. 채수를 끓이는 동안 고명으로 쓸 재료들을 준비한다. 스위트콘은 물기를 빼 두고, 대파는 잘게 다지고, 표고버섯, 팽이버섯, 고수는 먹기 좋은 크기로 자르거나 뜯어 둔다. 두부 버섯 크럼블은 〈두부 버섯 크럼블〉(158p)을 참고해 미리 만들어 둔다.

4. 그릇에 소스 재료를 모두 넣고 섞은 다음 냉장고에 잠시 넣어 둔다.

5. 조리가 필요한 고명을 준비한다. 팬을 키친타월로 한 번 닦아 내고 다시 가열한 뒤 식용유를 두른다. 자른 표고버섯과 팽이버섯을 넣어 노릇하게 굽는다.

💧 두부 버섯 크럼블 대신 구운 두부를 사용하는 경우는 이때 함께 구워 준비한다.

6. 완성된 채수에 4의 소스를 풀어 넣고 중약불에 끓인다.

7. 6을 끓이는 동안 다른 냄비에 물을 끓여 마카로니를 약 10-15분 정도 삶은 다음 체에 밭쳐 물기를 빼 둔다.

8. 채수와 소스가 충분히 섞이고 국물이 끓어오르면 불을 끈다.

💧 이때 대파, 마늘, 다시마는 잘라서 고명으로 써도 되고 원하지 않으면 건져 낸다.

9. 그릇에 마카로니와 국물을 담고 고명을 올려 완성한다. 기호에 따라 고추기름을 추가해 먹는다.

무 구이
- 가을, 겨울

무는 한식에서 다양하게 활용되는 좋은 재료다. 김치, 깍두기, 무생채, 무나물, 무 조림, 무말랭이처럼 밥과 잘 어울리는 반찬으로 많이 쓰인다. 하지만 잘 차려진 식탁 위에서 무가 주연을 맡는 일은 거의 본 적이 없다.

주인공이 된다는 건 무슨 의미일까? 보통 주인공은 이야기의 중심이다. 한 이야기 속 모든 인물, 배경, 사건은 주인공과 깊게 연관된다. 주인공은 자신의 선택을 통해 다른 인물들에게 영향을 미치고 사건을 이끌어 간다. 내가 최근에 가장 좋아했던 이야기 속 주인공은 영화 〈헤어질 결심〉에 등장하는 송서래다. 처음엔 사랑을 미스터리로 풀어나가는 화법과 미장센이 좋았지만, 나중엔 서래라는 인물에게 반해서 영화를 몇 번이나 더 보게 되었다. 영화 속 서래의 선택과 행동들을 다 이해할 순 없었지만, 서래는 능동적이고 매혹적이었다. 어쩔 수 없는 벽을 만나도 자신의 운명을 스스로 선택했다.

요리 하나가 능동적이고 매력적인 영화의 주인공과 동일시될 수는 없을 것이다. 하지만 뜻밖의 요리가 식탁 위의 주인공이 된다면, 식탁에는 일단 긴장감이 흐를 것이다. 알고 있고 익숙한 것과는 다른 식사가 될 확률이 높기 때문이다. 친구를 초대해 무 구이를 해줬을 때도 그랬다. 채소가 가득한 식사가 되리라는 건 친구도 예상했지만 두부나 버섯도 아니고 어째서 주재료로 잘 쓰이지 않는 무일까, 그렇게 생각했다고 한다.

가을 무나 1월부터 3월 사이에 나오는 제주 무는 단맛이 좋다. 가열해서 조리하면 단단하고 아삭한 식감이 아니라 부드럽고 입에서 녹는 듯한 식감이 생긴다. 무가 입에서 살살 녹을 수 있다는 건 무 조림을 먹어 본 사람이라면 알 수밖에 없다. 그러나 나는 무 조림처럼 반찬이 되는 요리 말고, 이 좋은 식감과 단맛을 살리는 메인 요리를 만들고 싶었다. 무 구이가 식탁의 주인공이 되었던 그날, 친구는 약간의 긴장감을 가지고 식사를 시작했지만 식사가 끝날 무렵에는 지금까지 알던 무와는 다른 무를 만난 것 같다고 말했다.

레시피

재료

무 1조각(두께 약 2cm), 아스파라거스 1대, 마늘 1-2알, 당근 작은 4조각, 느타리버섯 1줄기, 물 적당량

소스 간장 3.5큰술, 아가베 시럽 0.5큰술, 발사믹 비네거 0.5큰술, 올리브유 1.5큰술, 소금 1꼬집, 계피 가루 조금, 스모크드 파프리카 파우더 조금

가니쉬 방울토마토 1-2알, 홍고추 조금, 감태 조금

요리하기

1. 그릇에 소스 재료를 모두 넣고 잘 섞는다.
2. 아스파라거스는 절반으로 자르고, 마늘은 편 썰고, 당근은 원하는 모양으로 얇게 썰어 소스 그릇에 넣는다. 무와 느타리버섯도 소스 그릇에 넣고 모든 재료를 잘 섞는다.
3. 팬을 가열한 뒤 물을 적당히 붓고 소스가 잘 묻은 무를 올려 중약불에 약 5분 정도 익힌 다음, 그릇에 남아 있는 소스를 추가해 약 2분 정도 더 끓인다.
4. 팬의 물을 바닥에 깔릴 정도로만 남기고 덜어낸 다음, 덜어낸 물은 따로 그릇에 담아 둔다. 2의 당근과 마늘을 먼저 넣고 익힌다. 필요하면 분량 외의 올리브유를 조금 더 넣는다.
5. 재료들이 익어가면 아스파라거스를 마지막에 넣고 같이 익힌다.
6. 아스파라거스까지 잘 익으면 불을 끄고 접시에 올린 뒤 4에서 덜어 두었던 물을 모두 붓는다. 방울토마토와 홍고추, 감태를 원하는 모양으로 자르고 가니쉬로 올려 완성한다.

냉이 간장 파스타
- 겨울, 봄

이른 봄에만 먹을 수 있는 다양한 한식 재료가 있지만 향으로 따지자면 아무래도 달래와 냉이가 최고가 아닐까 생각한다. 쑥을 꼽는 사람들도 많겠지만, 나는 쑥은 떡으로 먹을 때가 제일 좋고 요리에는 달래와 냉이를 활용하는 게 더 좋다. 특히 냉이의 향은 오묘하다. 다소 강하게 느껴질 수 있는 쑥의 향에 비해 냉이의 향은 산뜻한 느낌이다.

강릉에 갈 일이 있었던 1월, 남아공 사람인 애인과 같은 나라에서 온 친구 둘, 그리고 다른 한국인 친구 둘과 시장에 들렀다. 시장에는 벌써 달래와 냉이가 나와 있었다. 좌판 곳곳에서 할머니들이 조그만 플라스틱 의자에 앉아 달래와 냉이를 다듬고 있었다. 남아공 친구들이 할머니들 손에 들려 있는 달래와 냉이를 바라보더니, 물음표가 달린 눈으로 날 쳐다봤다. 다행히 영어를 잘하고 설명은 더 잘하는 한국인 친구 한 명이 있어서 달래의 맛을 설명하는 건 비교적 쉬웠다. 달래는 부추속 식물이라 마늘처럼 매콤한 맛이 난다고 설명했다. 하지만 냉이는 설명이 힘들었다. 먹어봐야만 그 맛을 아는, 향긋한 초봄 식물이라고 말하곤 설명을 포기했다.

또 어느 날은 애인이 막걸리를 파는 주점에서 메뉴판을 보다가 물었다.

"여기 써 있는 더덕구이는 뭐야?"

"음, 인삼 알지? 인삼이랑 비슷한 건데, 좀 덜 쓰고, 양념해서 구워 먹거나 무쳐 먹어. 맛있어. 내가 더덕구이 너무 좋아해서 엄마가 나 수능 볼 때 점심 도시락 반찬으로 챙겨주셨어."

"음, 그렇구나."

애인의 반응은 미지근했다. 아무리 내가 좋아한다고 강조했어도, 그에게 제공한 나의 설명은 별 볼 일 없었다. 나는 분명 더덕구이를 잘 알았다. 만드는 방법은 몰라도 그 맛은 좋아했고 잘 알았다. 그러나 막상 더덕구이를 설명하려고 하니 별로 할 말이 없었다.

예전의 나는 무언가를 안다고 말할 때는 납득 가능한 설명이나 정의를 제시해야 한다고 믿었다. 이 혼란한 세상에서 제대로 된 설명 하나 못 하면서 "나 그거 알아."라고 뱉어버리는 건 무책임한 일이라고 여겼다. 그런데 요리를 하면서 이런 생각이 흔들렸다. 어떤 대상은 알아도 설명이 어렵다. 한국의 식재료를 가만히 떠올려 보면 정확하게 설명하기 어려운 것들이 종종 있다. 도라지, 미나리, 쑥갓, 곤드레, 시래기, 들깨, 고들빼기, 더덕, 고사리, 두릅, 취, 참나물 같은 재료들을 다른 문화의 사람에게 설명하기란 쉽지 않다. 그 재료와 재료를 사용한 요리를 알아도 문화와 언어, 경험의 차이가 설명을 어렵게 만든다.

설명은 어렵지만, 요리는 할 수 있다. 나는 제철인 냉이를 사서 물로, 솔로, 칼로, 손으로 손질을 하고 요리를 준비했다. 국물은 별로 좋아하지 않는 애인의 취향을 고려해 냉이 된장국이 아니라 냉이 파스타를 만들었다. 애인이 요리를 맛있게 먹었다. 이제 그는 냉이라는 재료가 가진 맛과 향, 생김새 등을 알게 되었다. 때로는 경험이 언어보다 더 분명하게 앎에 다가갈 수 있는 길이다. 그리고 요리를 먹는 행위는 한 요리 안에 담긴 문화와 역사, 맛과 취향을 나눌 수 있는 비교적 손쉬운 경험이다.

레시피

재료(2인분)

리가토니 파스타 면 2인분, 마늘 13-14알, 송송 썬 대파 1줄기, 손질한 냉이 5-6뿌리, 채 썬 양파 1/2개, 표고버섯 2개, 올리브유 적당량, 간장 2큰술, 들기름 1큰술, 레몬즙 1작은술, 소금 1-2큰술(면 수용), 후추 조금, 페퍼론치노 또는 말린 베트남 고추 조금(옵션)

💧 냉이를 손질할 때는 먼저 잔뿌리와 시든 잎을 제거하고 흐르는 물에 씻는다. 흙이 많이 묻은 뿌리 부분은 작은 칼로 긁어낸 다음 흙이 묻어나오지 않을 때까지 헹군다.

가니쉬 감태 조금(옵션)

요리하기

1. 팬에 올리브유를 넉넉히 두르고 마늘을 넣은 다음 마늘이 부드러워질 때까지 약불에 천천히 익혀 콩피한다.

💧 콩피는 저온의 기름에서 천천히 재료를 익히는 조리법이다.

2. 콩피한 마늘을 건져 살짝 으깬다. 콩피하고 남은 올리브유는 버리지 않고 파스타 조리에 사용한다.

3. 팬을 가열한 뒤 콩피하고 남은 올리브유를 적당량 두른다. 송송 썬 대파를 넣고 중약불에 볶아 파기름을 낸다.

4. 팬에 냉이의 뿌리 부분만 잘게 잘라 넣고, 채 썬 양파를 넣은 다음 중약불에 볶는다.
5. 양파가 익으면 표고버섯을 적당한 크기로 잘라 넣고 냉이 잎도 넣은 다음 2의 콩피한 마늘, 간장, 들기름, 레몬즙, 후추를 넣고 계속 볶는다. 이때 다른 냄비에 소금을 1-2큰술 넣고 물을 끓여 리가토니 파스타 면을 삶을 준비를 한다.
6. 물이 끓으면 리가토니 파스타 면을 넣고 약 12-13분 정도 삶는다.
7. 재료가 어느 정도 볶아진 팬 위에 면수를 2국자 정도 붓는다.
8. 불을 끄고 다 삶은 리가토니 파스타 면의 물기를 뺀 뒤 팬에 넣는다. 그 위에 후추를 뿌리고 취향에 따라 페퍼론치노나 말린 베트남 고추를 추가해 잘 섞는다.
9. 접시에 파스타를 담은 뒤 가니쉬로 감태를 올려 완성한다.

◊ 감태를 올리면 요리가 더 화려해지고, 냉이에서 나는 땅의 향과 감태에서 나는 바다 향이 잘 어울린다.

봄동 들깨 파스타
- 겨울, 봄

겨울부터 이른 봄까지가 제철인 봄동은 배추보다 고소하고 단맛도 강하다. 기름에 조리해도 잘 어울려서 겉절이를 하려고 산 봄동이 남으면 꼭 파스타도 해 먹는다.

환경 문제에 경각심을 가지기 시작한 다음부터, 내 힘으로 바꿀 수 없는 게 생각보다 많아 좌절하는 일도 많았다. 그래도 할 수 있는 게 없진 않다. 그중 하나가 바로 제철 재료 소비다. 요리에 제철 재료를 쓰는 건 탄소 배출 감소에 도움이 된다. 제철이 아닌 채소나 과일을 시설에서 재배할 경우 많은 양의 에너지가 소비되기 때문이다. 제철 재료를 이용하는 게 음식 맛에도, 환경에도 좋으니 제철 채소로 할 수 있는 요리에 관심을 기울이게 되었다.

아무리 개인이 제철 재료를 주로 쓴다고 해도 한계는 있을 거다. 그저 환경을 생각한다는 약간의 위안이 결국 내가 느낄 수 있는 전부일지라도, 무언가를 하지 않는 것보다는 하는 게 여전히 낫다. 세상이 비관적으로 보이더라도 내 삶에서 이뤄낼 수 있는 작은 변화들을 기대하고 이뤄가는 게 누가 뭐래도 나는 좋다. 게다가 그 변화가 더 좋은 맛까지 보장하니 의식적으로 제철 재료를 소비하게 된다. 그래서 봄이 되면 봄동을 사고, 두릅을 사고, 섬초를 사면서 아직은 작동하는 계절의 변화가 주는 맛을 마음껏 느낀다.

레시피

재료
스파게티 면 1인분, 채 썬 양파 1/3개, 편 썬 마늘 5알, 표고버섯 2개, 봄동 5장, 송송 썬 홍고추 조금, 올리브유 적당량, 간장 1큰술, 매실액 0.5큰술, 소금 1큰술(면수용), 들깻가루(탈피) 1큰술, 후추 조금

요리하기
1. 팬을 가열한 뒤 올리브유를 두르고 채 썬 양파를 넣어 중약불에 볶는다.
2. 양파가 익기 시작하면 편 썬 마늘을 넣어 볶는다.
3. 마늘이 익으면 표고버섯과 봄동을 한입 크기로 잘라 넣고 불을 조금 올려 볶는다.
4. 표고버섯과 봄동이 익기 시작하면 불을 조금 줄이고 간장을 넣는다.
5. 매실액을 넣는다.
6. 송송 썬 홍고추를 넣고 향이 올라올 때까지 볶는다. 이때 다른 냄비에 소금을 1큰술 넣고 물을 끓여 스파게티 면을 삶을 준비를 한다.

7. 물이 끓으면 스파게티 면을 넣고 약 8-10분 정도 삶는다.

8. 스파게티 면을 삶는 동안 팬에 면수를 1국자 정도 넣고 볶는다.

9. 다 삶은 스파게티 면의 물기를 뺀 뒤 팬에 넣는다. 불을 끄고 들깻가루를 넣는다.

10. 후추를 넣고 잘 섞어 완성한다.

PART 4

어디에나 어울리는
샐러드와 사이드 디쉬 레시피

시금치 쪽파 구이

대학교 4학년 때 문화 철학 수업을 들었다. 시간표가 맞았고, 문학을 많이 다룬다는 강의표를 보고 얼떨결에 선택한 것이었다. 수업은 재밌었다. 교수님은 내 에세이와 내가 이끈 팀 발표를 높게 사셨다. 하루는 수업이 끝날 무렵, 교수님이 철학을 공부해 볼 생각이 없냐고 하셨다. 그 뒤로 나는 줄곧 공부해 온 문학을 뒤로 하고 철학 수업을 듣고 철학 스터디를 시작했다. 철학 대학원에 가면 내가 궁금해하던 주제들을 연구할 수 있을 것 같았다. 하지만 당시 원래 전공이던 노어노문학과 교수님은 내 선택을 말리셨다.

"불구덩이에 들어가는 거야. 글을 쓰고 싶으면 일을 해야 해. 노동을 해야 사람들의 삶에 대해 구체적으로 할 말이 생겨."

일리가 있는 말이었다. 그러나 똑똑한 사람들이 많았던 대학에서 나는 문화 철학 수업을 들으며 처음으로 엄청난 인정을 받았다. 철학 전공생들이 대부분인 전공 심화 수업에서 교수님이 내 생각과 능력을 높게 사신 게 기분이 좋았다. 결국 나는 철학 대학원에 가기로 했다. 내 삶의 중요한 결정들에는 그런 식으로 남의 평가와 의견이 종종 중요한 역할을 했다.

그러나 대학원은 내 생각과 달랐다. 철학이라는 학문의 기초가 부족해 분위기를 익히는 것만 해도 시간이 많이 걸렸다. 철학의 말들은 흥미로웠지만 대학원의 분위기도 공부 방법도 분명히 와닿지 않았다. 버티면 될 거라고 생각했지만, 그사이 쉽게 말할 수 없는 힘든 일들도 일어났다. 나를 지켜야겠다는 결심을 하고 휴학을 신청했다.

잘한다고 생각했던 것을 잃어버렸다. 잘할 수 있었던 것에서 도망쳐 버렸다. 나를 지키기 위한 선택이었다고 주변에서 끊임없이 말을 해줘도, 그런 생각을 떨치기가 어려웠다. 살기 위해 도망쳤는데 오히려 그때부터 마음의 혹한기가 시작되었다. 아침에 일어났는데 할 일이 없었다. 과외 일을 하고는 있었지만 그것 말고는 뭘 해야 할지 떠오르지 않았다.

결국 주중 편의점 알바도 구했다. 당시에 대학교 근처에서 자취를 하고 있었는데, 자존심이 강했던 나는 그 동네에서 알바를 할 자신이 없어 다른 동네에서 알바를 구했다. 창피했던 것이다. 그때의 나는 남들이 나를 어떻게 볼지 끊임없이 염려하는 사람이었다. 한 교수님의 인정으로 진로를 결정했던 나도, 버스를 타고 20분은 가야 하는 곳에서 알바를 하기로 한 나도 모두 같은 사람, 남들의 생각으로 나를 결정하는 사람이었다.

고통을 통과할 땐 고통의 이유를 바로 보기가 힘들다. 나는 계속 힘들었다. 알바가 없던 어느 날 나는 한 친구의 원룸에 놀러갔다. 유유상종이라고, 친구도 당시엔 좀 우울했다. 별말 없이 그냥 시간을 함께 보내며 우리는 이 세상에서 혼자가 아니라는 걸 확인하곤 했다.

그날은 두꺼운 코트를 입었는데 역에서 친구네 집까지 가는 사이 등에서 땀이 났다. 계절도 시간도 잊고 살다가 문득 나의 내면에서 무언가 변하고 있다는 걸 알아챘다. 친구의 원룸은 아주 작았지만 창이 커서 햇살은 비교적 잘 들어왔다. 친구는 기타를 연습했다. 나는 작가 한강의 시집 《서랍에 저녁을 넣어 두었다》에 수록된 〈회복기의 노래〉를 읽고 있었다. 짧은 시였지만 아주 천천히 곱씹었다. 머리 위에는 초봄의 햇살이 내려앉았다. 시 속의 화자도 살아가는 일이 무엇인지 질문을 던지며 누워 있다가 문득 그의 얼굴에 햇빛이 내렸다. 화자는 '가만히', '빛이 지나갈 때까지', '눈을 감고 있었다'. 시를 다 읽고 나도 눈을 감았다. 봄이구나 싶었다. 그 뒤로 마음이 조금씩 회복되었다. 스스로 노력을 하기도 했고, 시와 봄이 설명할 수 없는 깨달음을 살짝 남기고 간 것 같기도 하다. 그해 이후로 봄이 오면 의식적으로 봄을 느끼려고 한다. 회복의 시작을 기념하는 마음으로.

시금치, 특히 겨울 바닷바람을 견디고 자라난 짧고 귀여운 섬초는 단맛이 좋다. 봄이 오기 시작하면 섬초가 나오고, 쪽파도 아린 맛보다 단맛이 강해진다. 봄에만 즐길 수 있는 맛을 넣은 이 요리는 회복을 기념하고 기억하는 나만의 방식이다.

레시피

재료

섬초 또는 시금치 1포기, 마늘 3알, 쪽파 5줄기, 올리브유 적당량, 화이트 와인 비네거 1큰술, 설탕 0.5큰술, 소금 2.5작은술, 후추 조금, 잣 또는 견과류 조금(옵션), 페퍼론치노 조금(옵션)

💧 섬초는 뿌리를 제거하지 않고 다듬어 둔다.

크루통 식빵 또는 식사 빵 1조각, 올리브유 적당량

요리하기

1. 크루통을 먼저 준비한다. 팬을 가열한 뒤 올리브유를 살짝 두르고 빵을 깍둑 썰어 넣는다. 빵이 기름을 빨리 흡수하므로 잘 저으며 중불에 골고루 익힌다.
2. 빵의 겉부분이 바삭하게 익으면 불을 끄고 크루통을 다른 접시에 옮겨 둔다. 팬을 키친타월로 한 번 닦아낸다.
3. 팬을 다시 가열한 뒤 올리브유를 넉넉히 두르고 마늘을 넣어 중약불에 천천히 익힌다.
4. 마늘이 익으면 주걱이나 포크로 적당히 으깬다.
5. 쪽파를 길게 잘라 팬에 넣고 중불에 익힌다.
6. 섬초는 뿌리 부분이 아래로 향하게 해서 팬에 올린다.

7. 계속 익히면서 화이트 와인 비네거를 팬 위에 살짝 뿌린다.
8. 설탕을 넣는다.
9. 소금과 후추로 간을 맞춘다.
10. 섬초의 뿌리 부분까지 잘 익으면 불을 끄고 잣을 넣어 섞는다.
11. 시금치 쪽파 구이를 접시에 담고 2의 크루통을 올려 완성한다. 기호에 따라 페퍼론치노나 후추를 추가해 먹는다.

느타리 발사믹 조림

 버섯을 조릴 땐 선택을 해야 한다. 적당히 조려서 탱글탱글하고 쫄깃한 식감과 수분기를 살릴 수도 있고, 바싹 굽듯이 조려서 겉면 식감을 바삭하게 할 수도 있고, 시간을 오래 들여 조려서 양념이 잘 밴 조림을 만들 수도 있다.

 선택할 수 있는 게 많은 시대라는데 선택은 쉬워지지 않는다. 가끔은 헷갈린다. 시대가 그러한 것인지 나의 성격이 선택을 어렵게 하는 것인지 말이다. 영화나 티브이 쇼를 고르는 것부터 빨래를 오늘 할지 내일 할지, 헬스장에 갈지 그룹 운동에 갈지, 일을 계속해야 할지 그만두고 다른 일을 찾아야 할지……. 이런 고민을 하다가 날려버린 하루들도 참 많았다. 시간은 흘러가고 선택들은 유예된다. 마음이 조급해진다. 그럴 땐 질문들이 떠오른다. 나 잘 살고 있는 걸까? 그리고 이 모든 고민들이 과연 의미가 있는 것일까?

 하지만 마트에서 좋은 느타리버섯을 만났던 날은 조금 달랐다. 딱히 버섯을 사러 간 건 아니었지만 그날은 버섯들 상태가 최상이었다. 특히 느타리버섯은 유난히 토실토실했고 갈변이 일어나지도 않았다. 가끔은 팩에 포장된 느타리버섯이 그럭저럭 괜찮아 사왔다가 막상 열어보니 쉰내가 올라오는 참변을 겪은 적도 있었다. 그렇지만 그날의 느타리버섯은 그 모습만으로도 아주 싱싱하다는 걸 알 수 있었다.

 일반적으로는 괴롭게 느껴지는 선택의 과정이, 신선한 재료를 만나면 즐거움으로 변한다. 재료를 가지고 무슨 요리를 할지 고민하는 과정이 설렌다. 느타리버섯이 담긴 장바구니를 들고 신나게 집으로 돌아왔다. 당시 살던 집 아래 있던 와인 가게에 가서 와인도 한 병 샀다. 와인 안주로 무엇이 좋을까 고민하다가 결국 새콤한 느타리 발사믹 조림으로 마음을 굳혔다. 한 팩 가득했던 느타리버섯이 조려지며 반절도 안 되는 양으로 줄어들었지만, 맛은 기가 막혔다.

레시피

재료
느타리버섯 200g, 채 썬 양파 1/2개, 올리브유 적당량, 발사믹 비네거 2.5큰술, 아가베 시럽 1큰술, 소금 1작은술, 백후추 조금, 다진 파슬리 조금

요리하기
1. 팬을 가열한 뒤 올리브유를 넉넉하게 두른다. 채 썬 양파를 넣고 중약불에 볶는다.
2. 양파가 익기 시작하면 느타리버섯을 적당한 크기로 뜯어서 넣고 중불에 살짝 볶는다.
3. 발사믹 비네거, 아가베 시럽, 소금, 백후추를 넣고 약불에 조린다.
4. 소스가 끓어오르기 시작하면 다진 파슬리를 넣는다.
5. 소스가 충분히 졸아들 때까지 조려 완성한다.

두부 버섯 크럼블

이십대의 나는 어디에나 있었다. 운동 동아리에도 있었고 재즈 동아리에도 있었다. 철학 스터디도 했고 문학 스터디도 했다. 모든 뒤풀이에도 있었다. 해가 뜰 때도, 해가 질 때도. 어디에나 가서 어울렸다.

그렇게 이십대의 대부분을 보내고 주변의 많은 이들이 직업인의 길을 택할 때, 나도 나에게 물을 수밖에 없었다. 나는 누구일까? 나를 소개하려고 생각해 낸 말들은 충분히 명료하지 못했다. 지금도 나를 명료하게 소개하는 건 어렵다. 나는 이것도 하고 저것도 했다. 여기에도 있었고 거기에도 있었다. 그렇게 적을 뿐이었다.

두부 버섯 크럼블은 꼭 나 같은 요리다. 여기에도 저기에도 있을 수 있다. 한 번 만들어 두면 여기저기 다 쓸 수 있어서 편하다. 다른 향신료나 양념을 가미해 밥이나 면과 먹어도 되고, 오픈 샌드위치 위 토핑으로 올릴 수도 있다. 식감도 좋아서 익힌 다짐육 느낌을 대체할 때도 두루 쓸 수 있다. 한번은 만두의 속재료로 쓰기도 했다. 특출난 차이를 만들어 낸 건 아니지만 그냥 으깬 두부를 넣을 때보다 만두의 식감이 더 살아났다.

그러니까 두부 버섯 크럼블이 아주 별 볼 일 없는 건 아니다. 명료하지 않은 정체성도 정체성이다. 그게 나의 장점일지 아닐지는 좀 더 생각해 봐야겠지만, 적어도 두부 버섯 크럼블은 그게 장점이다.

레시피

재료

두부 1모(300g), 느타리버섯 200g, 식용유 적당량, 간장 2.5큰술, 아가베 시럽 또는 올리고당 1큰술, 후추 조금, 어니언 파우더 조금(옵션), 소금 조금(옵션)

요리하기

1. 두부를 키친타월이나 면포로 감싸 물기를 미리 빼 둔다.
2. 느타리버섯은 다져서 준비한다.
3. 팬을 가열한 뒤 식용유를 두르고, 물기를 뺀 두부를 넣어 중불 이하에서 으깨며 볶는다.
4. 두부가 다 으깨지면 다진 느타리버섯, 간장, 아가베 시럽을 넣는다.
5. 후추와 어니언 파우더를 넣고 재료가 팬에 달라붙지 않게 주의하며 볶는다. 필요에 따라 식용유를 조금 더한다.
6. 물기가 완전히 사라지고, 버섯과 두부 모두 노릇노릇하게 익고 두부의 겉면이 튀김옷처럼 익을 때까지 볶는다. 필요에 따라 소금을 추가해 간을 맞추어 완성한다.

🔥 완전히 익히는 데 시간이 생각보다 오래 걸릴 수 있다. 필요에 따라 불을 줄여 가면서 볶는다.

사과 무 생채

전을 간장에 찍어 먹는 것도 나쁘지 않다. 특히 잘 부쳐진 바삭하고 뜨거운 전은 그냥 먹어도 탄성이 나온다. 그렇지만 나는 고춧가루 양념이 들어간 김치나 생채, 나물 반찬을 전에 올려 먹거나 고추장으로 초장을 만들어 간장 대신 찍어 먹는 게 더 좋았다. 빨간 고춧가루 양념이 들어간 반찬이나 소스가 없을 땐 간장으로 담근 양파, 마늘, 고추 장아찌라도 찾아서 올렸다.

때로는 좋아하는 것들을 찬찬히 들여다보면 내가 무엇을 해야 할지 깨닫게 된다. 짠맛이나 감칠맛에 산미와 매콤함까지 더해진 무언가를 전에 계속 곁들이는 나의 이런 취향은 사과 무 생채라는 요리의 영감이 되었다.

생애 두 번째 팝업을 앞두고, 팝업 메뉴로 전을 만들기로 한 나에겐 전과 곁들일 특별한 무언가가 필요했다. 좋은 간장으로 양념장을 만들면 그걸로 충분할 수도 있지만, 조금 더 톡톡 튀는 맛의 조합을 보여주고 싶었다. 엄마가 챙겨준 비건 깍두기와 쌈밥을 점심으로 먹으며 전에 어울리는 특별한 무언가를 고민하던 찰나에 고민을 뚝 멈췄다. 잘 익은 깍두기가 고민을 계속할 수 없을 정도로 시원하고 맛있었다. 그래서 고민을 다시 시작했다. 깍두기 국물에 참기름 넣고 밥을 더 퍼서 비벼 먹을까 하는 새로운 고민이긴 했지만.

밖에선 비가 왔다. 밥을 다 먹고 설거지를 하며 비 오니까 퇴근하면서 막걸리를 한 병 사오고, 애호박전을 하나 만들어야겠다고 다짐했다. 퇴근길에 재료를 사와서 애호박, 버섯, 청양고추, 양파, 깻잎까지 넣은 전을 부쳤다. 간장으로 양념장을 만들려다가 냉장고 두 번째 칸에 있던 깍두기를 발견했다. 양념장은 포기하고 깍두기를 꺼내서 덜었다. 식탁에 앉아 바삭한 전에 깍두기를 조금 올려 한 입 먹으니 아직 주말이 한참 멀었다는 아쉬움, 일상의 고단함과 혼자 사는 사람의 고독감, 날씨가 주는 우울감이 상쇄되었다. 그 순간 나는 내가 먹는 방식, 좋아하는 방식대로 전과 곁들일 팝업 메뉴를 결정하기로 했다.

그래도 평범한 깍두기보다는 좀 더 눈에 띄게 특별한 걸 만들고 싶었다. 술안주니까 단맛이 더 강한 깍두기가 좋을 것 같았다. 마침 가을이니 사과를 생각했다. 그렇지만 깍두기도 김치라서 손이 좀 가는 편이다. 그에 비해 무생채는 손이 덜 가고, 밥반찬으로도 쓸 수 있고, 비빔밥에도 잘 어울린다. 전 같이 기름을 많이 쓰는 요리와 같이 내어도 좋을 것 같았다. 그렇게 팝업 메뉴로 사과 무 생채가 결정되었다.

사과가 들어가면 자연스러운 과일의 단맛이 생채의 맛을 확 끌어올린다. 반찬으로 쓰면 다른 요리에 들어가는 설탕을 줄이기도 좋다. 사과만 사용해도 나쁘진 않지만 무를 같이 넣어야 식감의 균형이 잘 맞는다. 또 사과만 사용하면 단맛이 다른 맛보다 강해진다. 그래서 양념의 비율을 잘 맞춰야 한다. 물론 단맛만 강하게 살리길 원한다면 사과만 넣어도 맛이 없는 건 아니다.

나의 습관이나 내가 좋아하는 것들을 들여다보면 나만의 무언가를 만들 수도 있다. 이 레시피의 사과 무 생채를 응용해 독자가 좀 더 자신의 색깔이 나는 요리를 만들어 낼 수도 있겠다.

레시피

재료

사과 80g, 무 150g, 다진 대파 10g, 다진 마늘 0.7큰술, 매실액 1작은술, 참기름 1큰술, 굵은소금 1꼬집, 고춧가루 2큰술, 설탕 0.5큰술, 통깨 조금

요리하기

1. 사과와 무를 얇게 채 썰어 믹싱볼에 담는다. 굵은소금을 뿌리고 살짝 섞은 다음 약 10분 정도 절인다. 너무 오래되면 사과가 갈변할 수 있으므로 주의한다.

💧 **사과와 무를 채 썰 때는 먼저 얇은 반원 모양으로 자른 뒤, 반원 모양 조각을 여러 개 겹쳐서 썰면 편하다.**

2. 10분이 지나면 나머지 재료를 모두 넣고 잘 섞는다.
3. 완성된 사과 무 생채는 밀폐 용기에 넣어 냉장 보관하면 3일 정도 먹을 수 있다.

파이황과

파이황과는 중국어로 두드린 오이를 뜻한다. 오이가 주재료이기 때문에 샐러드 같은 느낌도 나고, 김치같이 느끼함을 덜어주는 반찬 역할도 할 수 있다. 제법 산미가 있는 요리라 식전에 먹으면 입맛을 끌어올리는 역할도 할 수 있다. 그리고 기가 막힌 안주이기도 하다. 파이황과는 단맛은 적고 오이가 주는 아삭함과 가벼운 시원함이 있으니 술자리가 3차쯤일 때, 모두 배가 부르지만 곁들일 무언가를 원할 때 아주 적절하다. 만두랑 먹어도 맛있다. 나는 주로 마파두부나 고추기름으로 만든 면 요리를 먹을 때 곁들여서 먹는다.

파이황과에는 중국 흑초가 들어간다. 흑초는 일반 식초보다 발효 숙성 과정을 오래 거쳤기 때문에 일반 식초보다 산미는 조금 약한 편이지만 구수하고 부드럽다. 흑초를 따로 사기가 어렵다면 일반 식초로 대체해도 되지만, 익숙하지 않은 재료를 사서 맛보고 활용하는 건 요리의 큰 즐거움 중 하나이니 사 보길 추천한다. 또 흑초는 특유의 풍미가 좋으니 한 번 사서 파이황과도 잔뜩 해 먹고, 만두나 전의 양념장을 만들 때도 쓰고, 샐러드 드레싱으로도 쓴다면 손해는 아닐 것이다.

레시피

재료
오이 1개, 다진 마늘 1작은술, 참기름 0.5큰술, 간장 1큰술, 고추기름 1큰술, 흑초 1큰술, 굵은소금 1꼬집(오이 절임용), 설탕 2작은술, 백후추 조금

요리하기
1. 오이는 가로로 2-3등분해 자른 다음 큰 칼 등을 이용해 적당한 힘으로 눌러 살짝 으깬다.
2. 으깬 오이를 먹기 좋은 크기로 자른다.
3. 자른 오이를 그릇에 담고 굵은소금을 뿌려 약 15분 정도 절인다.
4. 절인 오이를 체에 밭쳐 물기를 뺀다.
5. 물기를 뺀 오이를 다시 그릇에 넣은 다음 다진 마늘을 먼저 넣고 잘 섞는다.
6. 참기름, 간장, 고추기름, 흑초, 설탕, 백후추를 넣고 잘 섞어 완성한다. 완성된 파이황과는 냉장고에 잠깐 넣어 차갑게 해서 먹으면 더욱 맛있다.

퀴노아 콩 샐러드

21세기의 몸, 특히 아름답다고 여겨지는 여성의 몸은 세상이 얼마나 다양성을 찬양하는지에 상관없이 단일한 편이다. 아직까진 젊은 편에 속하는 여성으로 살면서, 몸에 대한 생각이 나를 떠난 적이 없다.

헬스장에 다니거나 자주 운동하며 식단을 관리하는 게 자기 관리의 기본인 세상이다. 나 역시 예전에 동네 헬스장에서 1년 동안 PT를 받았다. PT가 없는 날에는 혼자 헬스장에 가서 배운 운동을 복습하거나 동네 공원에 나가 달리며 스스로 기록을 체크했다. 운동이라는 행위는 몸과 정신에 정직한 기쁨을 주었다. 근육량 증가와 체지방률 감소뿐 아니라 목과 어깨의 통증도 현저하게 줄었다. 핸드폰을 보며 낭비하는 대신 헬스장 운동과 달리기로 보내는 하루가 보람차기도 했다. 식단 관리도 시작했다. 처음에는 헬스장에서 고용한 영양사와 PT 선생님의 도움으로 식단을 짰으나 나중에는 스스로 식단을 계획하고 준비하는 과정에서도 즐거움을 느꼈다.

그러나 나는 묻지 않을 수 없었다. 내가 결국 운동과 식단 관리라는 행위로 이루고 싶은 목표는 무엇일까? 나는 세상의 기준으로부터 자유롭게, 내 스스로 편안한 습관과 몸을 찾아갈 수 있을까? 그런 고민을 하는 와중에도 계속 식단을 짰다. 탄수화물을 과다하게 섭취하면 포도당이 쉽게 몸에 축적되고 그게 비만을 촉진한다는 사실 때문에 몸을 관리하는 사람들에게는 탄수화물이 일종의 적처럼 여겨졌다. 나도 거기서 자유로울 수 없었다. 탄수화물을 지방보다 경계했다. 빵을 먹어도 호밀빵이나 통밀빵만 먹었고, 밥도 무조건 현미밥을 지어 먹었다. 먹는 양에도 엄청나게 제한을 가했다. 제한을 가하는 식단은 단조롭고 지루했다. 일단 시작을 했으니 쉽게 물러설 순 없었다. 어떻게든 재미를 찾아야 했다.

탄수화물을 제한하긴 했지만 아예 생략할 수는 없었다. 탄수화물은 뇌와 근육에 에너지를 공급하고, 체력을 유지하는 데 도움이 되며 근손실도 막아 준다. 게다가 나는 달리기를 병행하고 있었기에 탄수화물을 충분히 섭취하지 않으면 힘이 나질 않았다. 그래서 단백질 함량이 높은 좋은 탄수화물은 무엇이 있을까 찾고 또 찾았다. 귀리, 카무트, 그리고 퀴노아가 눈에 들어왔고 그중에서도 마트 곡물 코너에 있던 낯설고 작은 퀴노아들이 가득 담긴 팩을 집어들게 되었다. 퀴노아는 어떤 드레싱이나 채소와 곁들여도 어색하지 않고 잘 어울렸다. 조그만 알갱이가 채소와 소스 사이사이에 쏙쏙 들어갔다.

아침부터 기온이 거의 30도에 이르던 어느 여름날, 일어나자마자 세수를 하고 스트레칭을 했다. 호흡을 가다듬고 옷을 갈아입고, 선크림을 발랐다. 핸드폰을 켜고 러닝용 플레이리스트도 확인했다. 큰맘 먹고 산 좋은 러닝화를 신고 야무지게 신발끈을 맸다. 건물 밖으로 나가자마자 근처 호수 공원을 향해 달렸다. 뜨거운 여름 햇살 아래에서 3km를 달리자 땀이 쏟아졌다.

그만할까 싶었는데 간밤에 준비해 둔 퀴노아 샐러드가 생각났다. 새콤하고 아삭하고 시원한 퀴노아 샐러드의 맛과 든든해질 배를 생각하니 조금 더 달려도 괜찮겠지, 싶었다. 그렇게 7km를 달리고 돌아온 그날 오전, 퀴노아는 내 몸에 좋은 배터리가 되어 주었다.

몸을 관리한다는 게 나에게, 또 사회적으로 무슨 의미인지 명료하게 설명하기란 아직도 어렵다. 그래도 뛰면 기분이 좋다. 그리고 자주 뛰는 삶에서 좋은 탄수화물은 분명 도움이 된다.

레시피

재료
퀴노아 60g, 버터빈(통조림) 40g, 볼로티빈(통조림) 40g, 토마토 1/2개, 파프리카 1/4개, 양파 1/4개, 오이 1/4개, 파슬리 2줄기

드레싱 레몬즙 1큰술, 아가베 시럽 1.5큰술, 올리브유 1큰술, 소금 2.5작은술, 쿠민 0.5작은술, 백후추 조금, 어니언 파우더 조금(옵션)

요리하기
1. 퀴노아와 버터빈, 볼로티빈을 분량만큼 준비한다. 버터빈과 볼로티빈은 물기를 빼서 준비한다.
2. 퀴노아를 체에 올린 뒤 주걱을 이용해 흐르는 물에 씻고 물기를 빼 둔다.
3. 물기를 뺀 퀴노아를 밥솥이나 냄비에 넣고 퀴노아 양의 2배만큼 물을 넣는다. 뚜껑을 닫고 약 10-15분 정도 삶는다. 퀴노아가 다 익으면 10분 정도 뜸을 들인다.
4. 삶은 퀴노아를 그릇이나 믹싱볼에 옮겨서 식힌다.
5. 토마토, 파프리카, 양파, 오이, 파슬리는 다진다.
6. 퀴노아가 식으면 퀴노아 그릇에 5와 물기를 뺀 버터빈, 볼로티빈, 드레싱 재료를 모두 넣고 잘 섞어 완성한다. 완성된 샐러드는 냉장고에 잠깐 넣어 차갑게 해서 먹는다.

해초 낫또 샐러드

다소 지난 통계이긴 하지만, 전 세계에서 해초를 가장 많이 소비하는 나라는 한국이라고 알려져 있다. 우리에게 해초는 그만큼 흔한 요리 재료다. 그런데 이 흔한 재료가 다른 나라의 유명한 파인 다이닝 레스토랑이나 셰프들에게 주목을 받고 있다고 한다. 재밌는 일이었다. 나에게는 익숙하고 흔한 것이 다른 곳에서 귀한 대접을 받는 일이 이상하기도 하고 웃기기도 하고, 내가 기여한 바는 없지만 조금은 어깨가 으쓱하기도 했다. '이제서야 해초가 좋은 걸 안 거야?' 같은 마음이랄까.

그래서 2년 전 했던 여름 샌드위치 팝업 때, 톳과 감태 가루를 넣고 샌드위치용 패티를 만들었다. 바다 향이 기분 좋게 나는 패티는 그야말로 히트였다. 레시피 테스트를 하며 수없이 먹었는데도 질리지 않았다. 바다의 맛을 느끼기 위해 꼭 생선을 먹어야 할 필요는 없었다.

해초는 맛도 맛이지만 섬유질, 칼슘, 칼륨, 요오드, 항산화 성분 등이 고루 담겨 있어 영양분도 풍부하다. 활용도도 높다. 쌈, 무침, 샐러드, 비빔밥, 국 등에 쓸 수 있다. 한번은 이모가 말린 모듬 해초를 잔뜩 보내준 적이 있었다. 매번 해초 비빔밥만 해 먹다가, 밥이 먹기 싫었던 어느 날에 해초와 낫또로 샐러드를 해 먹어 봤다. 고소하고 상큼한 맛이 좋았다. 결국 언제 다 먹나 싶었던 해초를 금방 해치웠다.

해초 샐러드를 꼭 모듬 해초로 만들 필요는 없다. 다시마, 미역, 톳 등 흔히 구할 수 있는 해초만 사용해도 된다. 레시피에 들어간 라이스 페이퍼 튀김도 식감과 플레이팅을 위해 넣었지만 필수는 아니다. 다른 탄수화물을 넣고 싶다면 라이스 페이퍼 대신 퀴노아나 쿠스쿠스를 넣어도 잘 어울린다.

레시피

재료
말린 모듬 해초 60g, 오이 1/5개, 낫또 30g, 라이스 페이퍼 1장(옵션)

드레싱 간장 1큰술, 매실액 0.5작은술, 아가베 시럽 0.5작은술, 물 2큰술, 레몬 웻지 1조각 분량 즙 또는 레몬즙 5ml, 다진 마늘 1작은술, 들깻가루(탈피) 0.5큰술

요리하기
1. 말린 모듬 해초를 물에 넣고 약 10-20분 정도 충분히 불린다.
2. 라이스 페이퍼는 팬에 기름을 넉넉히 두르고 기름이 끓기 시작할 때 잠깐 넣었다가 하얗게 과자처럼 익으면 꺼내 기름기를 빼 둔다.
3. 불린 해초는 흐르는 물에 잘 씻은 뒤 체에 밭쳐 물기를 빼 둔다.
4. 그릇에 드레싱 재료를 모두 넣고 섞는다.
5. 접시에 물기를 뺀 해초, 오이, 낫또, 라이스 페이퍼를 원하는 모양으로 올린 다음 드레싱을 뿌려 완성한다.

자몽 잣 샐러드

자몽은 과일치고는 단맛이 적게 난다. 심지어는 쓴맛도 난다. 쓴맛을 좋아한 적은 없는데도 자몽에서 나는 쓴맛은 매력이 있다. 아마도 쓴맛만 나는 게 아니라 신맛과 약간의 단맛, 오렌지같이 조그만 알갱이가 톡톡 터지는 식감과 함께 느껴지는 쓴맛이라 그런 게 아닐까.

요즘은 어떤지 모르겠지만 내가 이십대를 지날 때 사람들은 첫사랑에 의미를 크게 부여했다. 잔잔하고 풋풋한 영화처럼 첫사랑은 묘사되었다. 나의 첫사랑은 어땠는지 자세히 기억이 나지 않는다. 그때 나는 어렸고, 그 뒤로 살아가면서 경험한 것들이 더 많았기 때문에 그런 것 같다. 굳이 말하자면 자몽 같은 느낌이었다. 그 이후 인생의 많은 경험 역시 그랬다. 껍질을 까면 오묘하고 예쁜 색이 나지만 막상 먹으면 결국 쓴맛이 살짝 남는 자몽처럼, 아름다워 보였지만 결국 씁쓸한 마음만 남은 일들도 있었다. 또 기대보다 기분 좋은 산미와 은은한 단맛이 나는 자몽도 있는 것처럼, 꼭 떫고 쓴맛으로 끝나지만은 않는 경험도 있었다.

삶은 그래서 매력이 있다. 자몽처럼 껍질을 까보고 먹어보고 또 눈으로 잘 살펴보고, 그래야 알게 되는 매력 말이다. 삶은 내게 레몬을 주는 게 아니라 자꾸 자몽을 주고, 나는 이젠 삶이 주는 자몽 같은 경험에 조금 익숙해졌다고 말할 수 있겠다.

처음부터 자몽을 샐러드에 넣었던 건 아니다. 식단을 철저히 할 때 비타민 섭취용으로 자몽을 주기적으로 샀는데, 식단에 쓰고 남으면 샐러드에 올렸다. 막상 써보니, 자몽의 색다른 맛도 색깔도 샐러드와 잘 어울렸다. 특히 고소한 견과류와 궁합이 잘 맞았다. 그래서 친구들을 집에 초대했던 어느 날, 팔라펠과 피자를 준비하고 같이 낼 샐러드를 고민하다가 집에 있는 자몽, 그리고 자몽과 잘 어울리는 잣을 함께 쓰기로 했다. 기름에 튀긴 팔라펠과 올리브유를 충분히 넣은 피자에 자몽 잣 샐러드를 곁들이니 식욕을 돋우면서도 입가심 역할을 톡톡히 했다.

레시피

재료
자몽 1개, 케일 3장, 라디치오 3장, 로메인 3장, 바질 5g, 잣 7g, 올리브유 조금, 크루통 적당량(옵션)

💧 크루통을 사용할 경우 <시금치 쪽파 구이>의 크루통 만드는 법(149p)을 참고해 미리 만들어 둔다. 크루통 대신 빵을 구워 곁들여도 좋다.

드레싱 사과 10g, 마늘 1알, 쉐리 비네거 1큰술, 타히니 0.5큰술(참깨 페이스트 또는 간 참깨로 대체 가능), 올리브유 25ml, 소금 1꼬집, 후추 조금

💧 더 가벼운 맛을 원하면 타히니는 생략해도 된다.

요리하기
1. 드레싱을 준비한다. 사과를 한입 크기로 자르고, 사과를 포함한 모든 드레싱 재료를 믹서기나 블렌더에 넣고 곱게 간다.
2. 완성된 드레싱은 그릇에 담아 냉장고에 잠시 넣어 둔다.
3. 잣, 자몽, 바질, 크루통을 준비한다. 자몽은 껍질을 깐 뒤 한입 크기로 자르고, 바질은 다진 뒤 올리브유를 살짝 뿌려 둔다.

4. 케일, 라디치오, 로메인을 한입 크기로 자르고 믹싱볼에 넣은 다음 냉장 보관했던 드레싱을 꺼내 2큰술 넣는다.

💧 잎채소를 자를 때는 짓누르지 않고 칼끝을 이용해서 자르거나 손으로 찢는다.

5. 긴 집게 등을 이용해 채소와 드레싱을 섞는다. 이때 채소를 강하게 누르기보다는 볼륨을 살리는 느낌으로 살살 섞는 게 좋다.

6. 접시에 5를 담고 잣, 자몽, 다진 바질, 크루통을 담은 뒤 남은 드레싱을 뿌려 완성한다.

방울토마토 오이 들깨 샐러드

　가볍고 건강하게 무언가를 먹고 싶은 날이 있다. 그렇지만 거창한 요리를 하기 싫을 수 있고, 그게 더운 여름이라면 더더욱 불 앞에 가기 싫을 것이다. 그럴 때 나는 방울토마토와 오이를 썰고 간단하고 빠르게 소스를 만들어 버무린다. 빵이나 토르티야 같은 탄수화물이 들어간 재료까지 곁들이면 가벼운 여름날의 점심을 스스로에게 대접할 수 있다.

　특히 들깨는 고소한 맛을 내면서도 크리미한 텍스처를 만들어 요리에 무게감을 더해준다. 들깻가루가 없다면 견과류나 참깨를 빻아 버무려도 비슷한 효과가 나지만, 아무래도 이 요리에는 들깨가 제일 잘 어울린다.

레시피

재료
방울토마토 7-8알, 오이 1/3개, 아가베 시럽 1작은술, 레몬즙 2-3방울, 들깻가루(탈피) 1큰술, 소금 1작은술, 후추 조금

요리하기
1. 방울토마토는 3-4등분해 자르고, 오이는 한입 크기로 자른다.
2. 믹싱볼에 1과 나머지 재료를 모두 넣고 잘 섞어 완성한다.
3. 완성된 샐러드는 빵이나 토르티야에 곁들여 먹으면 맛있다.

망고 병아리콩 샐러드

예전에는 과일은 블루베리나 딸기, 가끔 자몽 정도가 아니면 잘 먹지 않았다. 몸에 좋은 비타민 등이 과일에 많다는 걸 알아도 자주 사먹게 되지는 않았다. 단 음식을 별로 좋아하지 않는 편이라 그랬는지도 모르겠다.

코로나 때 답답해서 달리기를 시작했다. 내 기록을 깨는 게 재밌었고 일정 거리를 달리고 나면 몸에서 이상하게 기운이 솟아났다. 한여름에도 달렸다. 온몸에서 한 곳도 빠짐없이 땀이 났지만, 나쁜 것만 빠져나가고 좋은 에너지가 몸을 채웠다. 35도가 넘어가던 어느 여름날, 10km를 달리고 뿌듯하게 집에 들어오는데 과일 생각이 났다. 시원하고 새콤한 사과나 부드럽고 단 망고같이 구체적인 과일이 당겼다. 전에 없던 일이라 신기했다.

그 뒤로 과일을 조금 더 사먹게 되었지만 소량으로 사기는 어려워 항상 과일이 남았다. 과일 그대로 먹는 방법 외에도 과일을 먹는 다른 방법이 필요했다. 자몽으로 샐러드를 만들었으니 망고로도 만들 수 있을 것 같았다. 망고의 향과 맛을 살리기 위해 드레싱은 강하지 않게 만들었다. 아삭한 잎채소와 오븐에 구워 시즈닝한 짭조름한 병아리콩, 달고 부드러운 망고의 조합은 나만큼이나 과일을 좋아하지 않는 애인의 마음에도 쏙 들었다.

과일을 맛있게 먹기 위해 굳이 운동을 하고, 과일이 당기는 그 순간을 애써서 기다릴 필요는 없다. 그렇게까지 안 해도 이 망고 병아리콩 샐러드를 해 먹으면 과일, 특히 망고의 다양한 매력을 충분히 느낄 수 있다. 토핑은 마음대로 바꿔도 되지만 아삭한 잎채소, 매운맛을 더하는 양파, 단백질 섭취를 위한 콩이나 두부 종류는 넣는 게 좋다. 특히 콩은 귀찮아도 삶아서 오븐에 구우면 샐러드의 식감을 살리고 포만감도 준다. 참고로 이 레시피는 2인분 이상의 분량이 나온다. 두 번 정도로 나눠 먹을 예정이라면 병아리콩은 절반 분량만 그때 그때 조리해 준비하는 게 좋다.

레시피

재료(2-3인분)

마른 병아리콩 60g, 파프리카 50g, 로메인 30g, 양파 1/4개, 오이 1/2개, 라디치오 30g, 망고 1개, 올리브유 조금, 소금 조금, 후추 조금

병아리콩 시즈닝 카옌 페퍼 0.5작은술, 커리 파우더 0.5큰술, 스모크드 파프리카 파우더 0.3작은술, 소금 1꼬집

드레싱 케이퍼 7g, 마늘 1알, 올리브유 6큰술, 화이트 와인 비네거 0.5큰술, 아가베 시럽 1작은술, 소금 1작은술, 후추 조금

요리하기

1. 마른 병아리콩은 잘 씻은 뒤 8시간 이상 미리 불려 준비한다. 끓는 물에 분량 외의 소금 1큰술과 불린 병아리콩을 넣고 중약불에 푹 삶는다.
2. 삶은 병아리콩을 체에 밭쳐 물기를 충분히 뺀다.
3. 드레싱을 준비한다. 케이퍼와 마늘은 잘게 다져서 그릇에 넣고 나머지 드레싱 재료를 모두 넣어 잘 섞는다.

4. 파프리카는 먹기 좋은 크기로 자른다. 물기를 뺀 병아리콩과 자른 파프리카에 올리브유, 소금, 후추를 조금 묻혀서 180°로 예열한 오븐에 굽는다.

5. 파프리카는 고루 잘 익고, 향이 날 때까지 약 10-15분 정도 구운 다음 꺼내서 식힌다. 병아리콩은 바삭하게 익을 때까지 10분마다 확인하고 한 번씩 뒤섞어 준다. 약 30분 정도 구우면 어느 정도 잘 익는다.

6. 병아리콩을 굽는 동안 로메인, 양파, 오이, 라디치오를 먹기 좋은 크기로 잘라 준비한다.

7. 병아리콩이 거의 다 익어갈 때쯤 망고를 준비한다. 먼저 씨를 중심으로 세로로 삼등분해 자른다.

8. 삼등분해 자른 망고는 과육에 벌집 모양으로 칼집을 낸 다음 벌려서 떼어 내면 모양이 상하지 않게 떼어 낼 수 있다. 씨와 가까운 부분에 과육이 많이 남았다면 씨를 제외한 양옆을 세로로 잘라 낸 뒤 칼집을 낸다.

9. 그릇에 병아리콩 시즈닝 재료를 모두 넣고 잘 섞는다.

10. 구운 병아리콩은 오븐에서 꺼내자마자 바로 그릇에 넣고 잘 섞어 시즈닝을 묻힌다.

11. 접시에 6의 채소를 담고 망고, 파프리카, 병아리콩, 드레싱을 올려 완성한다.

샐러드 밥

밥을 직접 지어 먹다 보니 밥이 애매하게 남는 일이 잦았다. 정량을 맞추어 밥을 지어도 밥을 더 먹고 싶은 날도 있었고, 갑자기 약속이 생겨 지은 밥에 손을 못 대는 날도 있었다. 남은 찬밥은 라면에 말아먹기도 했고 볶음밥을 만들기도 했지만 가볍게 먹고 싶은 날이나 가스불을 켜고 싶지 않은 날엔 그렇게 찬밥을 쓰는 게 영 내키지 않았다.

차가운 파스타 면으로 파스타 샐러드도 만드는데 밥이라고 안 될 거 있나 싶었다. 그래서 찬밥에 남은 채소들을 잘라 넣기도 하고, 두부를 구워 넣기도 하고, 집에 있는 이런저런 콩을 넣기도 하며 샐러드 밥을 만들어 보았다. 그렇다고 아무거나 다 집어넣은 건 아니다. 채소가 신선하면 아무거나 넣어도 나쁘지 않지만, 조금 더 괜찮은 샐러드를 준비하려면 머리를 살짝 굴려보는 게 낫다.

샐러드를 만들 땐 먼저 식감을 상상하면 재료를 정하기 편하다. 아삭한 식감과 부드러운 식감의 비율을 정하고 그에 맞게 재료를 준비한다. 상대적으로 부드러운 익힌 콩이나 두부, 올리브, 토마토, 익힌 가지, 연한 잎채소로 부드러운 식감을 마련한다. 아삭한 식감을 위해선 잘게 자른 당근이나 오이, 양파, 셀러리, 단단한 잎채소를 넣는다.

그 다음으론 맛을 생각해 본다. 나는 적당한 짠맛, 기분 좋은 신맛, 은은한 단맛, 이 세 가지가 조화롭게 느껴지는 샐러드를 좋아한다. 특히 신맛을 위해서 드레싱에 식초나 레몬즙, 라임즙 중 하나는 반드시 넣는다. 간장, 미소, 된장 같은 장을 써서 드레싱을 만들 때도 신맛이 나는 재료를 살짝 넣는 게 좋다. 다만 미소나 된장에는 자연스러운 산미가 꽤 있는 편이라 본인의 취향에 따라 농도를 조절해야 한다. 허브가 있을 땐 허브를 잘게 다져서 넣거나 가니쉬로 올린다. 밥 샐러드에는 잘 넣지 않지만 건과일이나 견과류를 살짝 얹으면 샐러드의 맛이 확 살아난다.

마지막으로 색감도 고려한다. 식감과 맛을 고려하다 보면 이미 색감이 어느 정도 갖춰지기는 하지만, 나의 샐러드에는 늘 3가지 이상의 색이 들어간다. 그렇게 샐러드라도, 예쁘고 맛있게 챙겨 먹는다.

위의 세 가지를 고려하며 샐러드 밥을 만들다 보면, 남은 채소나 찬밥을 '처리'하는 게 아니라 '활용'한다는 마음이 생긴다. '처리'는 '정리하여 치르거나 마무리를 지음'을 가리키지만 '활용'은 '충분히 잘 이용함'을 가리킨다. 살다 보니 후자가 더 좋다. 사소한 일에도 충분히 시간을 들이고 주어진 것을 잘 활용하면, 차근차근 곱씹어서 삼켰다는 뿌듯한 기분이 든다. 찬밥과 남은 채소로 만든 샐러드라도, '활용'의 관점에서 접근할 수도 있겠다.

레시피

재료

삶은 병아리콩 또는 통조림 병아리콩 40g, 찬밥 60g, 케일 1장, 라디치오 2장, 토마토 1/2개, 당근 15g, 셀러리 15g, 올리브 3-4개

드레싱 잣 7g, 청양고추 1/2개, 올리브유 15ml, 발사믹 비네거 0.5큰술, 소금 1작은술, 후추 조금

가니쉬 루꼴라(원하는 허브로 대체 가능) 조금

요리하기

1. 믹서기나 블렌더에 드레싱 재료를 모두 넣고 간다.
2. 씹히는 맛이 있게 하려면 잣이 남아 있도록 적당히 간다. 부드러운 식감의 드레싱을 원하면 덩어리가 남지 않도록 곱게 갈아도 된다.
3. 찬밥과 삶은 병아리콩을 준비한다. 삶은 병아리콩은 물기를 미리 빼 둔다.
4. 케일, 라디치오, 토마토, 당근, 셀러리, 올리브는 작게 자르고 가니쉬용 루꼴라는 적당한 크기로 뜯어 준비한다.

💧 어울릴 만한 다른 재료가 있으면 추가해도 좋다.

5. 그릇에 3과 4를 넣고 드레싱을 뿌려 잘 섞은 다음 루꼴라를 가니쉬로 올려 완성한다.

PART5

다양한 소스와 드레싱 레시피

망고 살구 처트니

"어떻게 갈릭 브레드에서 단맛이 나냐", "한국 스타일 빵은 너무 달다". 외국인 친구들이 종종 하는 볼멘소리다. 그들의 입장이 이해는 간다. 그들에게 빵은 일종의 밥 같은 역할을 하는데, 거기서 단맛이 나니 입맛에 안 맞을 수는 있다. 우리나라 사람들도 밥에 설탕이나 올리고당을 넣으면 이상하다고 생각할 것이다. 이해와는 별개로 나는 우리 식문화의 대변인이라도 된 것마냥 항변을 덧붙인다. 빵은 우리의 주식이 아니며, 예전보다 빵의 소비량이 늘었고 식사 빵의 종류도 많아졌지만 담백하고 고소한 편인 외국 스타일 식사 빵은 여전히 쌀에 비해 소비량이 낮다고 말이다.

그럼에도 '단짠'을 좋아하는 건 한국인만은 아닌 게 분명하다. 짭조름한 요리에 곁들이는 인도식 과일 소스인 처트니를 생각해 보면 더욱 그렇다. 처트니에는 꽤 많은 양의 식초가 들어가고 매콤한 맛을 낼 수 있게 고추를 넣기도 한다. 빵 위에 올려서 스프레드로 먹을 수도 있고, 커리 같은 요리와도 잘 어울린다. 특히 짭짤한 커리 위에 처트니를 살짝 올리면 산미와 단맛, 짠맛이 어우러져 입안에서 파티가 일어나는 느낌이다.

원래 망고 처트니에는 사과를 많이 쓰지만 나는 건살구를 대신 썼다. 말린 과일의 단맛을 믿고 설탕의 양은 보통 들어가는 것보다 줄였다. 살구를 워낙 좋아하기도 하고 망고는 좀 가격이 있어 건살구 비중이 더 높다. 그래서 망고 처트니라기보단 망고 '살구' 처트니라고 볼 수 있다. 망고 맛이 강한 게 좋다면 건살구 양을 조금 줄이고 망고를 한 개 더 넣으면 된다. 건살구를 다른 과일로 대체하고 싶다면 레시피에 적힌 건살구 대신 사과를 한 알 반에서 두 알 정도 깍둑썰기 하거나 잘게 다져서 사용해도 괜찮다. 들어가는 재료의 크기도 원하는 대로 바꿔도 괜찮다. 과육이 씹히는 게 좋다면 레시피보다 과일을 크게 잘라도 되고, 과육이나 양파가 씹히지 않는 게 좋다면 처트니를 끓이기 전에 믹서기나 블렌더로 곱게 갈아도 된다.

레시피

재료

건살구 100g, 양파 1.5개, 익은 망고 2개, 다진 마늘 1작은술, 다진 생강 0.7큰술, 화이트 와인 비네거 300ml, 소금 1.5작은술, 설탕 320g, 머스터드 씨드 1작은술, 카옌 페퍼 1작은술, 크러쉬드 레드 페퍼 1작은술

요리하기

1. 건살구를 뜨거운 물에 담가 약 1-2시간 정도 불린다.
2. 그릇에 다진 마늘, 다진 생강, 화이트 와인 비네거, 소금, 설탕, 머스터드 씨드, 카옌 페퍼, 크러쉬드 레드 페퍼를 넣고 잘 섞는다.
3. 양파는 잘게 다지거나 갈아서 준비한다.
4. 불린 건살구는 건져서 물기를 뺀 뒤 적당히 다지고, 망고는 원하는 크기로 잘라 냄비에 넣는다.
   💧 과육이나 양파가 씹히지 않는 게 좋다면 처트니를 끓이기 전에 믹서기나 블렌더로 곱게 간다.
5. 2와 3을 모두 냄비에 넣고 중약불에 끓인다. 졸아들기 시작하면 불을 조금 줄여 계속 끓인다. 진한 색이 나고 점성이 강해지면 완성이다.
6. 완성된 처트니는 뜨거울 때 밀폐 용기에 담아 보관하면 상온에서도 2-3주 정도 먹을 수 있다. 잼처럼 빵에 바르거나 커리 등 짭짤한 요리에 곁들여 먹는다.

토마토 쌈장

쌈장은 한국인이라면 누구나 좋아하는 소스이면서 외국인들도 정말 좋아하는 소스다. 지나치게 맵지 않으면서도 장이 주는 감칠맛이 가득 담겨 무엇을 찍어 먹어도 잘 어울린다. 여기에 토마토와 견과류를 넣으면 흔한 쌈장이 조금 더 특별해진다.

내가 만든 비건 요리들은 비건 생활을 충실히 할 때 살아남기 위해 탄생한 것들이 많지만, 단순히 생존만을 위해 요리를 시작한 건 아니었다. 친구들과 어울리며 술 한잔하는 순간들을 위해 만들어진 것도 꽤 있다. 토마토 쌈장도 그중의 하나다.

쌈장에는 된장이 들어가기 때문에 된장 특유의 향을 꽤 느낄 수 있다. 그게 매력이기도 하지만, 함께 먹는 다른 음식이나 술의 맛보다 강하게 느껴질 수도 있다. 그래서 된장의 향을 살짝 줄이고, 토마토의 감칠맛과 산미, 견과류의 고소함을 더해 재료와 잘 어울리면서도 자기 주장이 덜한 쌈장을 만들어 보고 싶었다.

토마토 쌈장은 보통 쌈장이 곁들여 나오는 요리들에 잘 어울린다. 버섯이나 채소 구이에도 잘 어울린다. 특히 좋은 올리브유를 두르고 잘 구운 버섯과 함께 먹으면 맛의 조화가 좋다. 여기에 펫낫(Pét-Nat: 자연적으로 스파클링이 생성된 내추럴 와인)같이 가벼운 와인을 같이 마시면 와인바에서 먹는 특별한 애피타이저 같기도 하다.

레시피

재료
토마토 1/2개, 호두 5g, 잣 5g, 다진 마늘 0.5큰술, 쌈장 5큰술, 참기름 0.5큰술, 청양고추 조금(옵션)

요리하기
1. 토마토는 갈기 좋게 적당한 크기로 자른다.
2. 호두는 씹히는 맛이 있을 정도의 크기로 다진다.
3. 믹서기나 블렌더에 자른 토마토, 잣, 다진 마늘, 쌈장, 참기름을 넣고 곱게 간다.
    호두가 씹히지 않고 부드러운 식감을 원하면 다진 호두도 이때 함께 넣고 간다. 매운맛을 원하면 청양고추를 조금 넣고 간다.
4. 3에 다진 호두를 넣고 잘 섞어 완성한다.
5. 완성된 토마토 쌈장은 버섯 구이나 쌈밥 등에 곁들여 먹는다. 밀폐 용기에 넣고 냉장 보관하면 2-3일 정도 먹을 수 있다.

토마토 부추 간장

요리를 진지하게 생각하기 전에는 맛이라는 결과물에만 초점을 두었다. 가령 김치찌개를 만들 땐 모두가 신김치를 쓰면 맛이 좋다고 하니 신김치를 썼고, 엄마가 들기름과 김치의 조합이 좋다고 하니 들기름을 썼다. 인터넷이나 요리책에 등장하는 레시피와 재료를 열심히 따라해 보면 그럴싸한 결과물이 나왔다. 한 번도 만들어 본 적 없는 요리를 처음 시도해도 맛이 꽤 괜찮았다. 요리를 좀 아는 것 같다는 자만함도 들었다. 물론 그 자만함은 본격적으로 주방에서 일하기 시작하면서 자취를 감췄다. 자만함이 사라진 자리에 여러 감정들이 흘러들어왔다. 부정적인 감정도 있었지만, 건강한 호기심도 모습을 보였다.

열심히 소스와 양념, 베이스가 되는 재료들을 프렙하던 날이었다. 잘 씻은 방울토마토 꼭지를 떼고 반으로 갈랐다. 토마토도 열심히 꼭지를 떼고 반으로 갈라 씨를 빼냈다. 그러다 문득 궁금해졌다. 서양 요리에는 도대체 왜 이렇게 토마토가 많이 들어갈까? 서양뿐 아니라 남아시아나 중동 지역의 요리에도 토마토가 꽤 많이 들어간다. 우리나라에도 잘 알려진 토마토 처트니나 커리, 샥슈카 등도 토마토가 기본 재료다.

하라는 대로 잘 따라 해 좋은 맛과 예쁜 모양을 내는 것을 넘어서서, 대체 왜 이런 맛이 나고 이런 모양이 나는지, 여기에 왜 이 재료를 쓰는지에 대한 궁금함이 머릿속에 맴돌기 시작했다. 결국 요리도 공부를 해야 했다. 예전에는 내가 공부했던 철학이나 러시아 문학만큼 밀도 있는 공부거리는 드물 거라고 확신했다. 하지만 요리를 하면서 생각이 바뀌었다. 요리도 굉장히 섬세한 생각과 지식을 요구하는 노동이자 종합 예술이었다. 알게 된 것을 요리에 적용해 보고 성공적인 맛과 모양이 나왔을 때 얻는 기쁨도 컸다.

이 흔하디 흔한 토마토, 매우 중요한 재료인 것 같으나 어쩐지 크게 신경 쓰지는 않았던 토마토도 더 알아가게 되었다. 토마토는 MSG라고도 불리는 글루탐산나트륨을 풍부하게 함유하고 있다. 감칠맛을 내는 성분이 있어 여러 요리에 그렇게 많이 쓰였구나, 싶었다. 한식에도 응용 가능성이 충분해 보였다.

 비가 오던 장마철, 덥고 습하지만 전을 부쳐 먹으려던 어느 날 집에 있던 완숙 토마토 한 개를 자르고 부추, 간장, 참기름과 잘 섞어 양념장으로 썼다. 새콤한 토마토가 기름에 부친 전의 느끼함을 잘 잡아줬다. 다음날 남은 양념장을 밥에 비비고 김에 싸서 들기름에 구운 두부를 한 조각씩 집어 함께 먹으니 그 또한 좋았다.

 요리에 대해 잘 몰랐어도 어찌어찌 살아냈을 것이다. 어찌어찌 요리를 했을 수도 있다. 하지만 사람들이 종종 말하듯, 알게 되면 더 많은 게 눈에 들어온다. 그리고 이 양념장처럼 더 재밌고 독특한 시도들로 작은 행복을 찾을 수도 있다.

레시피

재료
완숙 토마토 1개, 부추 20g, 간장 100ml, 설탕 1.5큰술, 통깨 1큰술

요리하기
1. 토마토와 부추를 먹기 좋은 크기로 자른다.
2. 그릇에 1을 포함한 모든 재료를 넣고 잘 섞어 완성한다.
3. 완성된 토마토 부추 간장은 바로 먹는 것보다 최소 1-2시간 정도 재운 후에 먹으면 더 맛있다. 밀폐 용기에 넣고 냉장 보관하면 일주일 정도 먹을 수 있다.

차지키

그리스에 늘 가고 싶지만 정작 가본 적은 없다. 그래도 인간에게는 상상이라는 힘이 있다. 여기저기서 본 그리스의 풍경을 떠올리고, 그리스식이라는 요리를 해본다.

상상 속 나는 그리스 크레타 섬에 있다. 크레타 섬은 미궁 속 괴물이었다는 미노타우로스 신화로 유명한 곳이다. 알람도 따로 설정하지 않는다. 아침 햇살이 눈부셔 눈은 알아서 떠진다. 일어난 뒤 미궁을 모티브로 한 책을 한 권 챙긴다. 한국에서는 어쩐지 보는 눈이 신경 쓰여 자주 입기 힘들었던 빨간색 끈나시와 하얀색 린넨 바지를 입는다. 몸에 바로 닿는 햇살이 좋다. 따뜻함을 온몸으로 느낀다. 땀이 조금 흘러도 괜찮다.

숙소에서 걸어나와 집 앞의 음식점으로 향한다. 지중해의 날씨가 고스란히 담긴 올리브와 토마토가 듬뿍 담긴 샐러드에 얇은 빵을 추가한다. 요거트, 오이, 딜이 들어간 새콤하고 꾸덕한 차지키도 시킨다. 빵 위에 샐러드를 잔뜩 얹고 차지키도 넉넉하게 떠서 올린다. 빵을 돌돌 말아 한 입 베어문다. 아주 천천히 씹는다. 신선한 재료의 맛을 충분히 음미한다. 토마토는 물이 적어 밀도가 촘촘하고 식감이 좋고, 단맛도 잘 올라온다. 올리브도 한국에서 먹던 수입 올리브와 맛이 다르다. 올리브의 향이 이렇게까지 느껴질 수도 있다는 걸 배운다. 서로 다른 재료들을 차지키가 하나로 묶는다. 배가 느리게 차오른다.

누구도 나를 재촉하지 않는다. 현실의 일상에서는 나조차도 나를 재촉하는 일이 많았다. 상상 속 그리스에 있는 나는 느리게 움직인다. 알아들을 수 있는 언어와 알아들을 수 없는 언어들이 적절하게 혼재하고, 모든 것을 다 이해하고 파악하고 있지 않을 수 있는, 약간의 무지 상태가 편안하다.

그런 상상에서 걸어나와도, 그리스의 재료로 만든 맛과 아주 동일하진 않더라도, 두유 그릭 요거트와 신선한 허브, 오이를 넣은 나만의 차지키도 괜찮다. 진짜 그리스에 가게 될 때까진 충분한 위로다.

레시피

재료

오이 110g, 마늘 1알, 딜 3g, 두유 그릭요거트 190g, 아가베 시럽 7g, 레몬 1/2개 분량 즙 또는 레몬 즙 1큰술, 올리브유 조금, 굵은소금(오이 절임용) 1꼬집, 소금 1.5작은술, 백후추 조금, 레몬 제스트 조금

요리하기

1. 오이를 2-3등분해 자르고 반으로 가른 다음 작은 숟가락으로 씨를 뺀다.
2. 1의 오이를 강판이나 그레이터에 간 뒤 면포 위에 올리고 굵은소금을 뿌려 물기를 빼 둔다.
3. 오이의 물기를 빼는 동안 나머지 재료를 준비한다. 마늘은 잘게 다지고, 딜은 이파리를 줄기에서 떼어 낸 후 살짝 다진다. 레몬은 베이킹 소다를 섞은 물에 담갔다가 수세미로 깨끗이 표면을 씻은 뒤 절반으로 자른다.
4. 믹싱볼에 물기를 뺀 오이, 다진 마늘, 다진 딜, 두유 그릭요거트, 아가베 시럽, 소금, 백후추를 넣는다. 레몬은 즙을 짜서 넣고, 강판이나 그레이터로 겉면을 갈아 만든 레몬 제스트를 조금 넣는다.
5. 모든 재료를 잘 섞은 뒤 올리브유를 살짝 뿌려 완성한다. 완성된 차지키는 샐러드에 곁들여도 좋고, 샌드위치 소스나 생 채소 디핑 소스로 써도 잘 어울린다. 밀폐 용기에 넣고 냉장 보관하면 2-3일 정도 먹을 수 있다.

후무스

10여 년 전 파리에 갔을 때, 같이 간 친구가 유명한 중동 음식점에 가자고 했다. 당시 나는 특별한 장소에 여행을 가게 되더라도 계획을 세우는 사람이 아니었다. 유명한 곳을 다 돌아다니는 것에도 욕심이 없었다. 내가 개인적으로 궁금한 전시나 장소 몇 개를 방문하고, 방문한 도시를 충분히 느낄 수만 있다면 그것으로 되었다고 여겼다. 그래서 친구가 인기가 많은 음식점에 가자고 했을 때도 별 생각이 없었다. 다만 궁금했던 프랑스 음식이 아니라 왜 중동 음식일까 싶었다.

음식을 먹고 난 뒤엔 생각이 바뀌었다. 병아리콩으로 만든 생소한 요리가 주는 맛은 충격적이고 신선했으며 중독성이 있었다. 부드러운 후무스와 새콤하게 조리된 신선한 채소, 납작한 피타 브레드와 고소한 팔라펠에 전혀 거부감을 느낄 수 없었다. 그때의 나는 요리나 재료에 큰 관심이 없었기에 후무스와 팔라펠이 태생부터 식물성이라는 사실도 몰랐다. 뭔가 고기가 달걀, 유제품이 들어갔으니 이렇게 맛있을 거라고 지레짐작했다. 음식의 맛이라는 일종의 결과에만 마음을 썼으니까.

좋은 결과는 받아들이기 편하다. 정체성이 확실하고 맛있으니 좋은 요리라고 판단하고 끝이었다. 그런데 아주 조금만 더, 한 발짝만 더 내딛으면, 관심을 조금만 더 확장하면 과정을 향한 호기심이 생긴다. 지금은 후무스든 팔라펠이든 먹고 싶을 땐 직접 만드는 편이다. 한국에서 아직 내 마음에 온전하게 자리잡은 후무스와 팔라펠이 없기 때문이다. 직접 두 가지를 만들면서 요리가 내는 맛뿐만 아니라 과정도 고민하게 되었다. 과정에 마음을 쓰니 몸이 힘들 때도 많았다. 두 요리 모두 재료의 비율을 정하고 알맞은 텍스처를 찾아야 했다.

후무스를 직접 만들기 전엔 그 과정에 세밀한 터치가 필요하단 걸 알 리가 없었다. 만드는 과정을 알게 되면 신경 쓸 게 많아진다. 골치 아플 일도 잦다. 그럼에도 그 과정을 이해하면 좋은 결과가 나왔을 때 기쁨과 만족이 더 커진다. 후무스의 간과 텍스처를 신경 쓰는 일이 항상 즐겁기만 한 건 아니지만 색다른 재료의 조합이 가져오는 신기하고 매력적인 결과는 항상 큰 만족을 준다. 나보다 높은 위치에 있는 주방 동료들이 내게 후무스 만드는 방법과 텍스처, 맛을 질문할 땐 괜히 어깨가 으쓱해진다. 과정을 이해하는 일은 나 자신의 자부심이 될 수도 있다. 물론 주방에서는 기고만장하고 거들먹거릴 겨를도 없지만, 과정에서 나오는 정직한 자부심이 차오르는 그 순간이 나를 더 단단하게 해주는 건 분명하다.

팔라펠은 무조건 병아리콩을 직접 삶아 만들어야 하지만, 집에서 소량 만드는 후무스는 통조림을 쓰는 게 편하다. 맛에도 큰 편차가 있는 건 아니다. 대신 병아리콩 삶은 물인 아쿠아파바와 올리브유의 비율은 원하는 텍스처를 위해 조절할 수 있어야 한다. 그럴 바엔 사먹는 게 편하다고 생각할 수도 있지만, 몇 가지 기본적인 재료만 갖추고 과정을 이해하면 언제든 원하는 스타일의 후무스를 만드는 것도 나쁘진 않다. 아니, 꽤 즐거운 일이다.

레시피

재료

통조림 병아리콩 또는 삶은 병아리콩 400g, 마늘 2알, 통조림에 있는 물 또는 아쿠아파바 적당량, 올리브유 100ml, 레몬 1/2개 분량 즙 또는 레몬즙 1큰술, 타히니 3.5큰술, 소금 1.5작은술, 큐민 0.5큰술, 아가베 시럽 1작은술(옵션)

💧 통조림 병아리콩은 물기를 빼서 준비하고, 통조림에 있는 물은 버리지 말고 따로 모아 두고 사용한다. 병아리콩을 직접 삶을 경우에도 아쿠아파바는 식혀서 모아 두고 사용한다.

요리하기

1. 블렌더나 믹서기에 모든 재료를 넣고 간다.
2. 통조림에 있는 물이나 아쿠아파바, 올리브유는 원하는 텍스처가 나올 때까지 조금씩 더 넣으면서 간다. 간을 보고 필요하면 분량 외의 소금을 추가해 간을 맞춘다.
3. 완성된 후무스는 샐러드에 곁들여도 좋고, 샌드위치 소스나 생 채소 디핑 소스로 써도 잘 어울린다. 밀폐 용기에 넣어 냉장 보관하면 약 3-4일 정도 먹을 수 있다.

와사비 표고장

고깃집을 제집 드나들듯 다니던 시절이 있었다. 그때 경험했던 색다른 요리가 있다. 조개인지 전복인지 모를 조각난 작은 덩어리들에서 달큰하고 감칠맛 나는 간장 맛, 와사비의 톡 쏘는 맛이 느껴졌다. 식감은 쫀득하고 쫄깃했다.

"사장님, 이건 뭐예요?"

"아, 그거 표고 넣고 뭐 해서 만든 거예요."

사장님인지 일하시는 분인지 가늠하기 어려운 나이의 남자분이 답을 주셨다. 그런데 영업 비밀이었는지 자세한 재료를 이야기해 주시지는 않았다.

나중에 비건이 된 어느 날, 비건으로 직접 냉소바를 만들었다. 냉소바 자체는 아쉬운 것 하나 없이 맛있었지만 뭔가 다른 걸 올리면 어떨까 한참을 고민했다. 그러다가 생각난 것이 고깃집에서 먹었던 그 와사비 표고장이었다. 레시피는 몰랐기 때문에 맛을 천천히 떠올려야만 했다.

어떤 기억은 흐릿하다. 오래된 연애, 창피와 망신을 당한 경험 같은 건 당시에는 절대 못 잊을 줄 알았지만 흐릿해졌다. 심지어 목표를 이뤘던 기쁨의 순간도 잘 떠오르지 않는 것들이 있다. 하지만 유난히 음식의 맛은 분명히 생각이 나는 편이다. 초등학교 때부터 고등학교 때까지 거의 비슷한 지역에서 지내면서 숱하게 들락날락거린 다섯 개 정도의 떡볶이 집들의 떡볶이 맛도 기억이 나고, 엄마가 해주던 찐 감자의 식감이나 뜨거운 정도, 짭쪼름한 맛도 생생한 편이다. 다행이기도 하다. 먹는 경험은 내게는 주로 행복한 기억이었고, 나를 힘들고 어렵게 만들었던 기억은 그에 비해 힘을 쉽게 잃는다. 나는 혀와 입으로 추억을 떠올리고, 그걸 재현해 보기도 하며 삶에 힘을 더하고 있는 셈이다.

그때 먹었던 맛을 더듬어 무엇이 들어갈지 유추했다. 내게는 그리 어렵지 않은 일이었다. 표고버섯은 탱글하고 쫄깃했고, 간이 약하지는 않았다. 간은 분명히 간장을 사용한 것 같았고, 와사비는 넉넉히 들어가 충분히 알싸한 맛이 올라왔다. 그리고 달달하고 또 끈적했다.

처음에는 피클 담듯이 만들었다가, 그냥 버섯과 양념 재료를 다 같이 넣고 조리하는 게 더 쉬운 것 같아 레시피를 수정했다. 새콤한 맛을 끌어올리고 싶어 매실액도 추가했다. 이 와사비 표고장은 한 번 두둑하게 만들어 두면, 면 요리에 올려 먹어도 좋고 그냥 밥반찬처럼 먹어도 좋다. 쌈, 김밥, 마끼에 넣어도 되고 월남쌈에도 잘 어울린다. 그래서 여름이 오고 불을 자주 쓰기 싫을 땐 한 번씩 만들어 두고 덜어 먹는다. 모양이 중요한 요리도 아니니 조금 더 싼 값에 못난이 표고버섯을 사서 써도 상관없다.

레시피

재료
표고버섯 8개, 물 150ml, 간장 2.5큰술, 올리고당 1큰술, 매실액 0.5큰술, 와사비 0.8큰술

전분 물 전분 가루 1큰술, 물 2큰술

요리하기
1. 표고버섯을 먹기 좋은 크기로 잘라 냄비에 넣는다.
2. 물, 간장, 올리고당, 매실액을 넣고 타지 않을 정도로 불을 조절하며 끓인다.
3. 표고버섯이 익고 물과 간장이 졸아들면 불을 약하게 줄인다. 전분 가루와 물을 섞어 만든 전분 물을 부은 뒤 잘 섞는다.
4. 물이 완전히 졸아들고 나면 불을 끈다.
5. 와사비를 넣고 잘 섞어 완성한다.
6. 완성된 와사비 표고장은 한 김 식힌 다음 밀폐 용기에 넣고 냉장 보관하면 3-4일 정도 먹을 수 있다.

완두 퓌레

완두콩은 색깔도 모양도 귀엽다. 콩을 싫어하던 어린 시절에는 어쩌다가 엄마가 해준 완두콩밥에서 완두콩을 몰래 골라내거나 완두콩이 많은 부분은 씹지 않고 삼켜버리곤 했다. 그래도 그 귀엽고 예쁜 걸 삼키거나 몰래 버리는 게 미안하기는 했다. 다른 콩밥에서 콩을 골라낼 땐 좀처럼 느끼지 못한 감정이었다.

근래 몇 년간은 5월을 기다린다. 아주 덥지는 않아도 따뜻한 날씨, 다른 달보다 많은 공휴일, 다가오는 여름의 냄새나 길어진 낮도 좋지만 완두콩도 내가 5월을 기다리는 큰 이유 중의 하나다. 완두콩이 제철인 5월에는 아빠가 직접 기른 신선한 완두콩을 먹을 수 있다. 완두콩을 좋아하게 되면서 제철이 아닌 계절엔 가끔 말린 완두콩이나 냉동 완두콩을 사기도 하고 이 완두 퓌레의 레시피도 말린 완두콩으로 잡았지만, 5월의 완두콩은 색깔이나 맛, 모양까지 사랑스럽다.

완두콩으로 밥도 짓고, 샐러드도 만들고, 잔뜩 삶아 사이드 디쉬로 쓰기도 하지만 가끔 퓌레를 만들기도 한다. 완두콩은 은은한 단맛이 나고, 풋내가 있지만 쓴맛이 없는 편이다. 일단 갈면 텍스처가 꾸덕해서 신선한 느낌을 주는 퓌레를 만들 수가 있다. 완두 퓌레는 구운 채소나 두부와 먹기도 하고, 파스타에 섞기도 한다. 샐러드에 소스처럼 넣거나 빵에 발라도 맛있다. 제철 완두콩 본연의 연둣빛은 아니지만 역시 예쁜 연두색이라 접시 위에 올리면 기분도 좋다.

레시피

재료
말린 완두콩 80g, 고수 5g, 마늘 2알, 식용유(마늘 콩피용) 적당량, 올리브유 15ml, 큐민 0.5작은술, 소금 2작은술, 백후추 조금

요리하기

1. 말린 완두콩을 잘 씻은 후 냄비에 넣고 완두콩이 충분히 잠길 정도로 물을 넣어 1시간 이상 불린다. 불린 완두콩은 부드럽게 익을 때까지 삶는다.
2. 팬이나 냄비에 마늘을 넣고 마늘이 잠길 정도로 식용유를 부은 뒤 약불에 마늘이 부드러워질 때까지 천천히 익혀 콩피한다. 콩피한 마늘을 건져 퓌레에 넣을 올리브유와 같이 둔다.
3. 1의 삶은 완두콩, 2의 콩피한 마늘, 고수, 올리브유, 큐민, 소금, 백후추를 믹서기나 블렌더에 넣고 간다. 완두콩이 충분히 잘 익었으면 부드럽게 갈리지만, 잘 갈리지 않는다면 올리브유나 물을 조금씩 추가하며 간다.
4. 충분히 부드러운 텍스처가 나올 때까지 갈아 완성한다.
5. 완성된 완두 퓌레는 구운 채소나 두부에 곁들여 먹거나 샌드위치 소스, 샐러드 소스, 파스타 소스, 생 채소 디핑 소스로 써도 잘 어울린다. 밀폐 용기에 넣고 냉장 보관하면 2-3일 정도 먹을 수 있다.

단호박 커리 퓨레

나는 내가 요리를 마음으로 하는 사람이라고 믿는다. 요리를 할 때 감각과 욕망, 상상력이 나를 이끈다. 체계적이고 과학적인 요리의 방법론이 중요하지 않은 건 아니다. 하지만 먹는 행위를 아주 사랑하는 사람, 사람들이 잘 먹는 걸 행복해하는 사람이 하는 요리는 철저하게 계산된 요리와는 다를 수밖에 없다. 나의 요리는 집밥과 기억에 뿌리를 두고 있다. 그래서 나와 내 기억을 설명해야 설명될 수 있는 레시피가 많다. 그리고 당연히도, 엄마의 지분이 굉장히 크다. 그래서 또, 엄마의 이야기를 안 할 수가 없다.

엄마는 대식가는 아니다. 음식을 달고 사는 사람도 아니다. 하지만 딸을 성공적으로 '먹는 사람'으로 성장시켰다. 엄마가 만들어 주고 좋아했던 음식들, 엄마의 요리 스타일은 나와 아주 비슷하진 않지만 내 요리를 이끄는 중요한 요소다.

엄마는 단호박을 좋아했다. 엄마는 주로 단호박을 잘 찌거나 구워서 본연의 단맛과 식감을 살리는 방식을 택했다. 나는 단호박을 엄마만큼 좋아하진 않았다. 있으면 먹는 정도, 다이어트에 좋은 음식 정도로만 여겼다. 그래도 엄마가 좋아하는 재료를 가지고 요리를 해보고 싶었다. 우리의 관계는 여느 모녀 관계가 종종 그렇듯 단순 명료하진 않다. 엄마가 좋아하는 재료로 요리를 하는 것이 엄마를 이해하고, 또 언젠가 엄마에게 잔뜩 대접할 수 있는 방법이라고 생각했다.

그런 생각으로 아빠가 키운 단호박을 집에 가져왔다. 처음에는 감자와 세몰리나 밀가루로 뇨끼를 만들고 단호박으로 소스를 만들어 썼다. 어느 비건 식당에서 맛있게 먹은 기억을 가져와 따라해 본 것이다. 맛있었지만 단호박 소스를 좀 더 세련되게 만들고 싶었다. 마침내 완성된 레시피는 작년 가을에 했던 팝업에서 잘 쓰였다. 어떤 사람들은 내가 만든 단호박 퓨레를 싹싹 긁어 먹었다. 그런데 정작 엄마는 나의 새로운 단호박 퓨레를 먹어보지 못했다.

도스토옙스키는 사랑을 실천적 사랑과 공상적 사랑으로 나눴다. 공상적 사랑은 이론적이고 다소 추상적인 사랑이다. 내 마음 안에서만 느끼는 관념적인 사랑이라고도 볼 수 있다. 반대로 실천적 사랑은 내 앞에 있는 실제의 한 개인을 사랑하고, 또 행위로 옮기는 것을 가리킨다. 내 요리는 실천적 사랑에서 비롯되었다고 믿고 싶다. 그러려면 모두가 좋아하는 요리를 하는 것도 좋지만, 내게 가장 먼저 실천적 사랑을 보여준 엄마에게, 이 퓌레를 만들어 줘야 한다. 여러 작업을 이유로 미뤄왔지만, 단호박이 제철인 여름이 오자마자 엄마한테 달려가 이 단호박 퓌레를 꼭 만들어 주기로 또 결심한다. 좀 순진한 말 같아도 그런 식으로, 마음으로 요리를 하는 사람이 되기를 계속 선택하고 싶다.

레시피

재료

단호박 200g(손질 전 무게), 마늘 2알, 채 썬 양파 30g, 잣(불린 캐슈넛으로 대체 가능) 5g, 올리브유 적당량, 두유 50-100ml, 레몬즙 1작은술, 소금 0.5작은술, 커리 파우더 1.5작은술, 백후추 조금

요리하기

1. 단호박은 베이킹 소다를 문질러 가며 흐르는 물에 깨끗히 씻은 뒤 전자레인지에 약 3-5분 정도 돌려 익힌다. 뜨거우니 조심해서 적당한 크기로 자르고 숟가락으로 씨를 파낸 다음 한 김 식힌다.

2. 단호박을 식히는 동안 팬을 가열한 뒤 올리브유를 두르고 마늘과 채 썬 양파를 중약불에 익힌다. 마늘과 양파가 잘 익으면 한 김 식혀 잣과 함께 준비한다.

3. 단호박은 껍질을 벗겨 낸 다음 믹서기나 블렌더에 넣는다. 2의 마늘, 양파, 잣과 레몬즙, 소금, 커리 파우더, 백후추를 넣고 두유는 50ml만 먼저 넣고 간다.

 🔸 단호박은 껍질째 갈아도 되지만, 껍질을 벗겨 내고 갈면 색이 더 예쁘게 나온다. 벗겨 낸 껍질은 샐러드나 다른 요리에 고명으로 사용해도 된다.

4. 원하는 텍스처가 나올 때까지 남은 두유를 조금씩 더하면서 갈아 완성한다.

5. 완성된 단호박 커리 퓌레는 구운 야채나 두부와도 잘 어울리고, 구운 버섯에 그레몰라타와 함께 얹어 먹어도 맛있다. 밀폐 용기에 넣고 냉장 보관하면 2-3일 정도 먹을 수 있다.

시금치 캐슈넛 퓌레

채소가 주인공이 되는 요리에서는 기본적으로 채소의 상태와 재료끼리의 궁합이 중요하다. 그리고 그 못지않게 중요한 게 양념 혹은 소스류다.

한식 요리의 장이나 양념들은 동물성 성분을 사용하지 않는 경우가 많기 때문에, 고기나 해산물 베이스의 MSG만 생략하면 한식 양념을 사용한 식물성 요리를 만드는 건 어렵지 않다. 하지만 양식 요리에는 유제품이 자주 사용된다. 양식 요리에 들어가는 유제품을 대체할 때는 두유나 식물성 요거트를 자주 쓴다. 그보다 자주 쓰는 건 견과류다. 특히 부드러운 식감과 풍부하며 고소한 맛을 내고 싶을 땐 잘 불린 캐슈넛을 갈아서 쓴다. 무게의 40%가 지방이라서 부담스러울 수도 있지만, 물에 불린 뒤 물을 조금 섞어서 갈면 지나치게 많이 쓰지 않고도 캐슈넛 크림을 만들 수 있다.

여기에 다른 영양 성분과 색감, 맛을 더하고 싶을 때는 다른 채소나 허브도 같이 넣으면 된다. 채소나 허브를 입자가 조금 거칠게 빻으면 페스토가 되고, 좀 더 크림 같은 텍스처를 만들면 퓌레가 된다. 개인적으로 파스타나 샌드위치에는 페스토를 만들어 쓰는 게 좋지만 채소 구이 같은 요리엔 퓌레가 더 잘 어울린다고 생각한다.

감자, 당근, 버섯, 방울 양배추, 파프리카, 브로콜리, 콜리플라워 등 어렵지 않게 구할 수 있는 다양한 채소를 에어프라이어나 오븐, 팬에서 잘 익힌 뒤 부드러운 채소 퓌레를 같이 내면 특별한 애피타이저나 파티 요리가 된다. 특히 추운 겨울이나 초봄, 차가운 생 채소가 가득한 샐러드보다 따뜻한 구운 채소 요리를 먹고 싶을 때 퓌레를 써볼 수 있게 시금치 캐슈넛 퓌레 레시피를 정리해 보았다.

레시피

재료

시금치 25g, 캐슈넛 70g, 마늘 2알, 대파 1줄기, 물 적당량, 올리브유 적당량, 레몬즙 1큰술, 소금 1작은술, 백후추 조금

요리하기

1. 그릇에 캐슈넛을 넣고 캐슈넛이 잠길 정도로 물을 부은 뒤 약 30분에서 1시간 정도 불린다.
2. 팬을 가열한 뒤 올리브유를 두른다. 마늘은 편으로 썰고 대파는 적당한 크기로 자른 다음 팬에 넣고 중약불에 익힌다.
3. 마늘이 익기 시작하면 시금치를 넣고 익힌다. 마늘, 대파, 시금치가 잘 익으면 불을 끄고 한 김 식힌다.
4. 1의 불린 캐슈넛, 3의 익힌 시금치, 대파, 마늘, 백후추, 레몬즙, 소금을 믹서기에 넣고 간다.
5. 캐슈넛이 잘 갈리지 않으면 물을 조금씩 넣으면서 덩어리가 없도록 곱게 갈아 완성한다.
6. 완성된 시금치 캐슈넛 퓌레는 구운 채소나 버섯 등에 곁들여 먹는다. 밀폐 용기에 넣고 냉장 보관하면 2-3일 정도 먹을 수 있다.

그레몰라타

쌈장은 어디에나 잘 어울린다. 한식에서는 고기 요리에 주로 곁들이지만, 생 채소를 찍어 먹어도 맛있고 찐 양배추에 밥을 올리고 쌈장만 넣어도 만족스럽고 소박한 한 끼를 먹을 수 있다. 이탈리아 소스인 그레몰라타도 그런 면에서 쌈장이랑 비슷한 구석이 있다. 쌈장처럼 발효를 거치는 요리는 아니지만, 한 번 만들어 두면 여기저기 쓸 수가 있다는 점에서 그렇다. 그레몰라타는 파스타에도 올릴 수 있고, 샐러드에도 잘 어울린다. 구운 채소와 버섯에 더하면 단순한 요리가 다채로워진다. 올리브 유와 발사믹 비네거 등을 추가해 빵에 얹어 먹어도 맛있다.

작년에 했던 작은 팝업에서는 단호박으로 만든 퓌레 위에 구운 버섯을 올리고, 그 위에 그레몰라타와 구운 빵가루를 더해 내놓았다. 크리미하고 달콤한 단호박 퓌레와 쫄깃한 버섯의 맛과 식감을 향긋하면서도 톡 쏘는 그레몰라타가 하나로 잘 묶어줬다. 좋은 소스라면 다른 요리의 향과 맛을 쉽게 끌어올릴 수 있어야 한다. 그리고 재료들을 서로 조화시키는 역할을 잘 해내야 한다. 그레몰라타가 바로 그런 좋은 소스가 아닐까 싶다.

일상에서 매번 새로운 소스를 만들어 쓰는 건 어려운 일이다. 그래서 한 번씩 두세 개의 소스류를 만들어 준비해 둔다. 그 정도의 수고를 감당한다면 일상의 식사가 좀 더 재밌어진다.

레시피

재료

파슬리 50g, 케이퍼 10g, 올리브유 30ml, 레몬 1개 분량 즙 또는 레몬즙 30ml, 소금 1작은술, 백후추 0.5작은술, 레몬 제스트 조금

요리하기

1. 파슬리를 다진다.
2. 케이퍼의 물기를 빼고 다진다.
3. 그릇에 다진 파슬리, 다진 케이퍼, 소금, 백후추, 올리브유를 넣고 레몬즙을 짜 넣은 다음 잘 섞는다. 강판이나 그레이터로 레몬 겉면을 갈아 레몬 제스트를 조금 넣고 한 번 더 섞어 완성한다. 완성된 그레몰라타는 밀폐 용기에 넣고 냉장 보관하면 일주일 정도 먹을 수 있다.

파인애플 살사

살사라는 단어는 원래 스페인어로 소스를 가리키지만, 우리에게 친숙한 멕시코 스타일의 살사는 보통 토마토가 들어간 매콤한 빨간색 소스다. 토마토 살사에는 토마토 외에도 양파, 하바네로나 할라피뇨 등 매운 고추, 고수, 큐민이 사용된다.

토마토가 들어간 살사도 그 자체로 완벽하다. 그래서 과일 살사를 만드는 것은 새로운 도전이었다. 정해진 것을 벗어나는 일은 어쩐지 두렵기도 하고, 규칙을 정한 사람들에 대한 예의가 아닐까 걱정이 들기도 한다. 그러나 전통이나 전통이 정한 규칙이 고스란히 담긴 것도 소중하지만, 세상은 변한다. 요리도 그렇다. 우리가 지금 즐기는 고춧가루 들어간 빨간 김치는 엄밀히 말하면 역사가 짧다. 고추가 한반도에 들어오고 18세기가 되어서야 고추가 김치의 재료로 사용되기 시작했기 때문이다. 과일 살사를 만들면서 전통과 변화라는 주제는 다소 거창한 것도 사실이지만.

집에 남은 과일을 재밌게 처리하려는 고민을 하다가 처음 떠오른 건 자두 살사였다. 한여름 냉장고에 넣어둔 잘 익은 자두는 그 자체로도 축복 같다. 새콤달콤하면서도 물컹하고 부드러운 맛과 식감이 입안에 퍼지면, 아, 이게 여름의 맛. 그런데 한번은 욕심을 부려 자두를 너무 많이 사버렸다. 냉장고에 남아있던 세 개의 자두는 푹 익어 바로 쓰지 않으면 안 될 것 같았다. 두부 부리또볼을 해먹으려고 했던 그날, 토마토로 만든 살사 대신 자두로 만든 살사를 써보기로 작정했다. 자두의 달고 신 맛이 입맛을 확 살렸고, 나는 두부 부리또볼을 깨끗하게 비웠다. 그 후에 열었던 인생 첫 팝업에서 자두 살사를 메뉴 중 하나로 내놨다. 그만큼 독특하고도 맛있는 요리이고, 사람들이 좋아할 거라는 생각에서였다. 내 예상은 잘 맞아떨어졌다.

몇 년 뒤 비슷한 상황이 벌어졌다. 냉장고를 여니 처리가 긴급해 보이는 파인애플 통조림 한 덩이가 용기에 담겨 있었다. 자두 살사가 가능하다면 파인애플 살사도 괜찮을 것 같았다. 그렇게 이 레시피가 만들어졌다.

나의 과일 살사가 고춧가루 양념이 들어간 배추김치 같은 획기적인 변화라고는 할 수 없다. 그래도 쉽고 맛있고, 남은 과일을 재밌게 사용할 수 있는 방법이기는 하다. 레시피에서는 레몬즙을 썼지만 라임즙을 대신 써도 되고, 고수가 싫은 사람이라면 파슬리도 좋은 대체제다. 고추는 할라피뇨 고추가 가장 이상적이겠지만, 나는 쉽게 구할 수 있는 청양고추를 썼다.

레시피

재료

파인애플 100g, 청양고추 1/2개, 마늘 1알, 고수 1줄기, 올리브유 2큰술, 레몬 웻지 1조각 분량 즙 또는 레몬즙 5ml, 큐민 0.3작은술, 소금 1꼬집, 후추 조금, 설탕 또는 아가베 시럽 조금(옵션)

요리하기

1. 파인애플, 청양고추, 마늘, 고수는 잘게 다지고 레몬은 웻지 모양으로 1조각을 잘라 준비한다.

2. 그릇에 레몬 웻지를 짜서 즙을 넣고 1을 포함한 모든 재료를 넣고 잘 섞는다. 맛을 보고 신맛을 원하면 레몬즙을, 단맛을 원하면 설탕이나 아가베 시럽을 조금 추가해 완성한다.

3. 완성된 파인애플 살사는 밀폐 용기에 넣고 냉장 보관하면 일주일 정도 먹을 수 있다.

다채로운 맛과 따뜻한 기억이 담긴 50가지 비건 레시피&에세이
수잔의 비건 레시피

초 판 발 행	2025년 09월 30일
발 행 인	박영일
책 임 편 집	이해욱
저 자	수잔
편 집 진 행	이예은
표 지 디 자 인	현수빈
편 집 디 자 인	김지현
발 행 처	시대인
공 급 처	(주)시대고시기획
출 판 등 록	제 10-1521호
주 소	서울시 마포구 큰우물로 75 [도화동 538 성지 B/D] 9F
전 화	1600-3600
홈 페 이 지	www.sdedu.co.kr
I S B N	979-11-383-9904-3 [13590]
정 가	20,000원

※이 책은 저작권법에 의해 보호를 받는 저작물이므로, 동영상 제작 및 무단전재와 복제, 상업적 이용을 금합니다.
※이 책의 전부 또는 일부 내용을 이용하려면 반드시 저작권자와 (주)시대고시기획 · 시대인의 동의를 받아야 합니다.
※잘못된 책은 구입하신 서점에서 바꾸어 드립니다.

시대인은 종합교육그룹 (주)시대고시기획 · 시대교육의 단행본 브랜드입니다.